Cartografías del cuerpo
Encarnaciones de la pureza en la literatura

Elsa del Campo

www.archivosvola.es

ISBN: 978-84-991335-0-9
D.L.: M-4387-2026

ÍNDICE

A Darío, que no ha gobernado Persia
pero sí el noble arte de hacer café

PREÁMBULO

El cuerpo suele definirse como un espacio finito compuesto por distintos sistemas que se coordinan entre sí para dotarlo de autonomía y movilidad, pero las complejas relaciones que se establecen entre el conjunto de órganos que lo forman y el contexto en el que está inmerso evidencian que éste no está constituido exclusivamente por materia. Concepto difuso donde los haya, sustancia a la vez propia e ignota, lo que vulgarmente describimos como un saco de huesos no ocupa únicamente un espacio geográfico, sino también uno institucional y público, de los cuales se nutre y con los cuales interactúa.

De este componente social y político del cuerpo ya dieron buena cuenta Adán y Eva cuando comieron del árbol prohibido, según se nos narra en las Sagradas Escrituras. Antes de ser tentados por la sierpe sibilina, los felices amantes podían pasearse tan tranquilos, trotando en porretas por el Edén, porque su desnudez estaba exclusivamente imbricada en el marco de lo natural. Del mismo modo que no le ponemos pantalones a una rana,[1] no tenía sentido para ellos andar tapando sus virtudes con ornamentos varios. Fue sólo tras probar el codiciado alimento y entender la diferencia entre el bien y el mal que corrieron a cubrir sus sexos con lo primero que pudieron encontrar. ¿Por qué ese decoro tan repentino? ¿Qué fue lo que cambió al obtener el conocimiento? Pese a que se alude frecuentemente a un incipiente deseo sexual, el rubor que los atenaza ha de ser de otra naturaleza, pues, aunque no se explicite, en ese primer mandato divino esparcido sobre la humanidad de "creced y multiplicaos" queda patente que el sexo no se consideraba pecaminoso en ese momento.

Una de las posibles interpretaciones que se le puede dar a esta reacción tan visceral es que, cuando cataron el fruto vedado del árbol del discernimiento, su cuerpo dejó de formar parte meramente de lo natural y entró en el ámbito político. De haber estado solos, quizá les habría dado lo mismo llevar los genitales al aire, pero era su desnudez *para*

---

1. El filósofo natural Lazzaro Spallanzani lo hizo, no obstante, pero en el contexto del s. XVIII y con el fin de determinar el papel que jugaban los machos en la reproducción. Tras recopilar el esperma de dichos pantaloncitos fue capaz de fecundar artificialmente huevos de rana. Curiosamente, aunque inicialmente concluyo que el esperma jugaba un papel fundamental en la procreación, acabó por afirmar que no tenía nada que ver en el proceso, pues era incapaz de comprender cómo algo que parecía agua sucia en el mejor de los casos o leche mal cuajada en el peor pudiese cumplir función alguna.

con el otro la que tenían que proteger. El conocimiento primordial obtenido a raíz de su insubordinación se tradujo en una noción básica de sí mismos en contraposición a la persona que tenían enfrente, lo que les permitió distinguir su 'yo' frente a todo lo que no lo era; y esta apreciación tan elemental de la propia identidad trajo enormes consecuencias a nivel psíquico y colectivo.

En primer lugar, como punto de unión con el medio, es a partir de su fisicidad que el individuo construye y proyecta su singularidad, que a su vez depende de las interacciones y lazos que se establecen con el entorno, así como de las alteraciones hechas sobre la piel. Mabel Moraña lo resume perfectamente: "La dimensión corporal no funciona como el límite entre el yo y la otredad, sino como el punto de contacto e identificación dentro de una totalidad".[2] Bajo un prisma occidental, el 'yo' y el 'otro' son términos opuestos pero complementarios: se necesitan mutuamente para poder generarse. En este sencillo antagonismo radica la base constitutiva de todas las poblaciones, que se diferencian de las demás otorgándose una serie de características que asumen como propias. Para sobrevivir en cualquier escenario (ambiental, estatal, familiar), el sujeto precisa de una serie de atributos que le permitan afianzar su pertenencia al grupo. El 'otro', en consecuencia, es todo aquel

2. Moraña, Mabel. *Pensar el cuerpo: Historia, materialidad y símbolo.* Herder, 2020, p. 28.

que carece de esos rasgos, pero sólo puede existir si hay un 'yo' previo que lo excluya, del mismo modo que, sin entidad con la que compararse, ese 'yo' tampoco puede definirse. Y, en la base de todo este proceso, que no es ni mucho menos lineal ni uniforme, se encuentra el cuerpo.

Este discernimiento primitivo que se da en Adán y Eva comporta necesariamente la aparición de una rudimentaria cultura, reflejada en un código ético que dicta la forma en que el cuerpo debe presentarse ante el prójimo. Por eso se esconden al saberse desnudos. Tras una instintiva muestra de deferencia, simbolizada en una hoja de higuera colocada apresuradamente a modo de púdico delantal, se oculta una comprensión embrionaria de cómo regirse en sociedad. Lo que el acto reflejo de esta ingenua pareja evidencia es que el cuerpo al natural, desprovisto de todo adorno o artificio, sigue siendo más que un cuerpo. Es, ante todo, el principal receptáculo del orden político, donde primero se reflejan las instituciones que amparan y desarrollan el conocimiento.

El cambio de paradigma que acontece cuando se pierde la inocencia se trasluce también en los simbólicos castigos que reciben: la mujer parirá con dolor y deberá someterse al hombre, y él habrá de arar la tierra para conseguir alimento. Estas engorrosas sanciones no hacen sino terminar de insertar al ser humano en un orden social, regulado por un mandato patriarcal, cuyas transacciones se basan en el trabajo, y en el que toda infracción que atente contra las estructuras y la autoridad recibe su pertinente escarmiento. El castigo, en resumidas cuentas, toma el cuerpo como plataforma sobre la que apuntalar la supremacía, como bien teorizó Michel Foucault al analizar los cambios que se habían dado en los últimos siglos en la forma de concebir el sistema penal en Europa.[3]

Antiguamente, el castigo constituía un espectáculo público, una especie de representación teatral en la que el cuerpo servía como escenario sobre el que todo tipo de suplicios eran ejercidos. Se daba, pues, una ceremonia punitiva llena de rituales revestidos de martirios de distinta gravedad: a veces despiadados como el descoyuntamiento, en ocasiones más "compasivos", como sucedía con los latigazos. A partir de la Ilustración, no obstante, el proceso penal pasa de ajusticiar a perseguir la reforma del individuo. El poder ya no se manifiesta principalmente a través del castigo, sino mediante la disciplina, creándose poco a poco una sociedad orientada a la vigilancia de las conductas donde la sanción, lejos de funcionar como una condena, sirve como un correctivo. Más que crear un espectáculo con el que atormentar al infractor, se busca evitar la infracción, para lo cual surge todo un régimen disciplinario en el que el poder se vuelve más anónimo y disgregado. Ahora,

3. Foucault, Michel. *Vigilar y castigar: Nacimiento de la prisión.* 1975. Traducido por Aurelio Garzón del Camino, Siglo XXI, 2022.

en vez de concentrarse en un único individuo, como sucedía antaño con la figura del monarca absolutista, el poder se encuentra diseminado en instituciones, ejercicios y tácticas, así como en las relaciones que se establecen entre ellos. Este proceso culmina en el s. XIX, cuando el concepto de 'exclusión' se incorpora al aparato reformatorio, entendiéndose que lo considerado anormal ha de ser señalado y modificado.

En este contexto, es de suponer que toda señal efectuada sobre el cuerpo tendrá implicaciones no sólo estéticas, sino también sociales, políticas y/o religiosas. Por ende, se infiere que, aunque reducir el cuerpo individual a representación del cuerpo social es simplista, lo que sí es cierto es que el cuerpo sigue funcionando para las sociedades como el principal lienzo sobre el que las distintas instituciones asientan su dominio:

> Las relaciones de poder convierten el cuerpo en una presa inmediata; lo cercan, lo marcan, lo doman, lo someten a suplicio, lo fuerzan a trabajos, lo obligan a ceremonias, exigen de él signos.[4]

El castigo que Yahveh le impone a Eva por su transgresión, que implica el tormento al dar a luz, complementa la sumisión a la que somete a Adán al obligarle a encorvarse

4. Ibid., p. 35.

sobre el suelo para obtener sustento. La punición de uno y otra constituiría la versión poetizada del trabajo forzado y el martirio propios de un código penal antiguo.

Podría objetarse que estos castigos físicos están obsoletos; que ya no constituyen la tónica general. Muy al contrario, lo cierto es que en ciertas esferas están lejos de haber sido suprimidos. En el plano literario, por ejemplo, penitencias tan salvajes como el descuartizamiento o la tortura continúan vigentes en el imaginario y ejercen desde allí una poderosa influencia. Igualmente, aunque en el plano literal hayan evolucionado hacia formas más sofisticadas, veladas y confusas, su reflejo en el tegumento da fe de que el poder se sigue ejerciendo sobre y desde el cuerpo. Sin ir más lejos, recientemente trascendió la noticia de que en Corea del Norte sólo están aprobados veintiocho tipos de cortes de pelo, prohibiéndose aquellos otros que, se estima, promueven un estilo "capitalista".[5]

Más allá de un lunar llamativo o de un cabello espeso como la miel, a menudo los atributos físicos de los protagonistas de las leyendas, las novelas y los cuentos apenas llaman la atención, tomándose únicamente como un complemento a la hora de componer un personaje, pero sin

---

5. Aranda, Rafa. "Corea del Norte castiga con dureza los vaqueros, las películas extranjeras o los peinados occidentales". *Cadena SER*, 7 de junio de 2021, https://cadenaser.com/ser/2021/06/07/internacional/1623076740_811884.html.

entrar a profundizar en lo que dichos rasgos pueden implicar de cara a su condición y su posición con respecto a las instituciones de poder. En ese pasar de puntillas se ha soslayado un detalle importante: no es únicamente el individuo y sus acciones los que son constantemente monitorizados; también su cuerpo es supeditado a un exhaustivo examen, juicio y, en última instancia, condena. Ya sea a través de forúnculos, llagas, muñones, o michelines, las caracterizaciones literarias funcionan indistintamente bien como un aparato de poder a través del cual modelar al sujeto, bien como un dispositivo mediante el que impugnar discursos hegemónicos.

Tres ejemplos acerca de la simbología abrazada por distintas particularidades corporales se desmenuzarán en las siguientes páginas. Por un lado, y puestos a hablar de distintivos físicos, resulta casi de obligado cumplimiento dedicar un espacio a la figura bíblica de Caín, cuya marca constituye una manifestación paradigmática de esa autoridad (en este caso, la divina) encarnada en un cuerpo. De aspecto y emplazamiento desconocidos, mucho se ha especulado acerca de la trascendencia de dicha señal sin que se haya alcanzado ningún acuerdo al respecto. Pero es precisamente en la falta de concreción de su marca donde radica la clave esencial para entender la propia naturaleza indeterminada de Caín. En su condición de anatema, el errante eterno no es sino un desamparado tremendamente poderoso cuya ambigüedad moral y legal quedan plasmadas en una señal física igualmente ambigua.

Por otra parte, si un cuerpo marcado es capaz por sí solo de impresionar al lector, en mayor medida lo hará uno cercenado. En este sentido, los cuentos de hadas es un género que se presta con una propensión pasmosa a las mutilaciones, los destripamientos y las decapitaciones, lo cual puede resultar chocante a oídos poco acostumbrados a escuchar las aventuras que figuras como Perrault o los hermanos Grimm legaron a la posteridad. En concreto, son ricas las versiones que existen del relato de la doncella sin manos, en el que una joven virtuosa pierde, por razones que se desgranarán más adelante, sus inestimables miembros. Interpretar este motivo como una simple pincelada de perversión por parte de su sádico autor sería limitante a la hora de entender el lugar que ocupa la amputación en el imaginario colectivo europeo, del mismo modo que tampoco se debería afirmar ufanamente que constituye sólo un castigo ejercido sobre la protagonista para condenar algún desacato.

La última sección se centra en una obra de creación reciente: *Una forma de vida*, de la autora belga Amélie Nothomb, que gira en torno a los enconados esfuerzos de un militar estadounidense por ennoblecer y reconciliarse con la obesidad mórbida que padece. En su caso, su corporalidad parece ir en contra de los dictados (o, más bien, dogmas) estéticos que imperan en la sociedad actual y, por ello, recibe una suerte de escarmiento público en forma de juicio social. Mediante la creación de un relato fantasioso, lleno de matices y contradicciones, el personaje de Melvin Mapple aspira a subvertir la impureza a la que su exceso de grasa le ha condenado y que le empuja a cubrir su infamia y la profunda sensación de vacío que ésta le genera con comida. Su ejemplo ilustra la sutil pero intensa conexión entre las ideas de poder y pureza, que irán entrelazándose a lo largo de los tres apartados, a la par que manifiesta la desazón que la exclusión puede causar en el sujeto.

Los protagonistas que ocupan las siguientes secciones son héroes o antihéroes cuyos cuerpos transgreden de algún modo los preceptos culturales, alzándose como seres 'señalados' por sus particulares físicos. Gracias al estudio de los tres personajes escogidos se podrá observar cómo determinadas instituciones –legal, educativa, religiosa– se inscriben en la carne, trazando perímetros cutáneos, estableciendo coordenadas dérmicas, y acotando membranas mediante cuadrículas y escalas, como si de una carta topográfica se tratase.

En el cuarto capítulo del Génesis se nos describe una escena chocante por las múltiples incógnitas que plantea. Los hermanos Caín y Abel hacen una ofrenda a su Señor donde cada uno aporta, en principio, lo mejor que puede brindar. Abel, que es pastor de ovejas y cabras, sacrifica sus más rollizos lechales, mientras que Caín, el labrador, hace entrega de los frutos de su cosecha. Cuando Yahveh se muestra complacido con el obsequio del primero, pero rechaza el del segundo, Caín se siente afrentado y mata a su hermano presa de la envidia, según la tradición golpeándole con una quijada de burro.[6] Aunque podemos sospechar cierta racanería por parte del muchacho a la hora de hacer acopio de bienes que inmolar, quizá si su dios se hubiese

6. En el Génesis no se explicita cómo fue asesinado Abel. En realidad, la quijada de burro es usada por Sansón para asesinar a mil hombres, como se indica en Jueces, 15:15. Es posible que se produjera una confusión entre ambas historias que acabara por transferir tan peculiar arma homicida a las manos de Caín.

mostrado un poquito menos parcial en cuanto a sus preferencias el conflicto fraternal no habría llegado a mayores, todo sea dicho.

Como es de esperar, semejante fechoría no puede quedar impune, por lo que Yahveh no duda en lanzar una maldición con la que condenar el acto atroz cometido por el fratricida según la cual deberá vagar sin rumbo, y nada de lo que cultive con sus propias manos germinará. A primera vista, podría parecer que la pena es nimia en comparación con la infracción, y ciertamente, desde la perspectiva de la ley del talión,[7] así es.[8] Pero nótese que el castigo impuesto es en realidad el del desarraigo más absoluto: no sólo deberá Caín deambular de un lugar a otro como el más miserable de los apátridas, sino que el vínculo con su fuente de sus-

7. James Kugel observó esta excepción hecha a la ley del talión en el designio de Yahveh, pues no sólo se ignora el ojo por ojo al perdonarle la vida a Caín, sino que además, como se verá después, el castigo se incrementa por siete si alguien osa hacerle daño, exacerbando el desequilibrio que se genera al no retribuir el daño causado con una pena de gravedad equiparable. Semejante descompensación evidencia aún más la condición de 'impuro' que arrastra Caín. Para más información, leer Kugel, James L. *How to Read the Bible: A Guide to Scripture Then and Now.* Simon & Schuster, 2007.
8. Si nos atenemos estrictamente a lo que pone en la Biblia, ignorando el *Código de Hammurabi*, donde es mencionada por primera vez, la ley del talión no es enunciada hasta Éxodo, 21: 23-25, cuando Yahveh comparte sus leyes con Moisés. Al estar enmarcado en un momento previo, es hasta cierto punto lógico no encontrar esa forma de retribución en el castigo dado a Caín.

tento está roto, porque sus manos están manchadas con la sangre de su hermano y esto las ha contaminado. Ahora, ya no podrán hacer brotar la vida. El otrora agricultor ha quedado doblemente desnaturalizado, primero porque es desterrado de su comunidad y segundo porque la tierra ya no aceptará lo que siembre, dejándole sin nada que lo enraíce a ella. Su conexión con el mundo, e incluso con su función dentro del mismo, ha sido truncada. Como explica Giorgio Agamben en *Homo Sacer*,[9] la *vida cualificada* (*bíos*), entendida como forma de existencia propia del individuo que participa de la vida pública y política de su comunidad, es degradada a mera *vida natural* (*zoé*), que no hace distinción entre seres vivos ni les otorga privilegio alguno. Al carecer de clan Caín no puede definirse como individuo, por lo que, de alguna manera, es como si estuviese muerto para la sociedad.

Si Adán y Eva fueron expulsados del Edén, pasando de una existencia divina a una subsistencia terrenal, Caín es privado de esa unión con la tierra, siendo forzado a una vida de proscripción.[10] No puede haber peor ignominia. La existencia del mal ya había hecho sus primeros conatos de

9. Agamben, Giorgio. *Homo Sacer: El poder soberano y la nuda vida.* Traducido por Antonio Gimeno Cuspinera, Pre-Textos, 1998.
10. El castigo de Caín es una intensificación del de Adán, como se indica en: Miles, Jack. *Dios: Una biografía.* 1995. Traducido por Dolors Udina, Planeta, 1996.

presencia cuando el hombre y la mujer primigenios desobedecieron un mandato divino, pero en Caín se manifiesta en todo su esplendor, porque aquí ya no hay engaño ni ingenuidad que atenúen su crimen: muy al contrario, es presa de los celos y de la soberbia. Es más, en la Biblia se le muestra como un personaje envidioso, propenso a la ira, y desafiante; por lo que el rechazo a su sacrificio podría explicarse en realidad como una negativa de Yahveh a aceptar regalos que están hechos desde la vileza y la arrogancia, y no al contenido de la ofrenda en sí.

Esta maldad congénita de Caín no parece extinguirse tras el escarmiento. En el año 93 d.C., el historiador Tito Flavio Josefo escribe que, una vez asentado en la tierra de Nod,[11] Caín abraza la delincuencia como forma de vida, asumiendo un estilo licencioso y depravado que se perpetuará entre sus descendientes.[12] Josefo lo acusa de trastornar la vida sencilla y primitiva de los hombres estableciendo las medidas y los pesos, trazando límites de propiedad y erigiendo la primera ciudad fortificada, donde la ingenuidad del hombre natural queda para siempre corrompida bajo la astucia y el engaño, pues ha sido fundada por un hombre sin dios. Puesto que las manos de Caín han quedado yermas para el cultivo, se ponen al servicio de la construcción,

11. En hebreo, esta palabra se traduce por 'errante', 'vagabundo'.
12. Josefo, Tito Flavio. *Antigüedades judías*, editado por José Vara Donado, Ediciones Akal, 2024.

sellando para siempre la escisión entre el mundo rural y el mundo urbano (o civilizado). En esta estrategia puede haber también un elemento de supervivencia, algo en lo que ya repararon el exégeta del siglo VIII Alcuino de York y su discípulo Rabano Mauro cuando afirmaron que, al ser maldecido a errar eternamente, fue el temor a quedarse quieto el que le llevó a construir una ciudad con el único fin de protegerse.[13] Al negársele el derecho a pertenecer a una tribu, tiene que crear la suya propia.

La incapacidad de Caín para enmendarse no implica, sin embargo, que no siga siendo, a su manera, amado por Dios. Carente de cualquier tipo de lazo que lo una a su gente y a su tierra, Caín se transforma en un nómada al que todo el mundo verá como un enemigo potencial, pues no tiene grupo que lo ampare, y esto lo convierte en un extranjero sospechoso, a la par que una presa fácil. En calidad de 'otro', se encuentra desamparado, fuera del ámbito de la ley. Así, cuando tras ser condenado replica, muy acertadamente, que cualquiera con el que se cruce podría matarlo sin consecuencias, Yahveh se apresura a colocar sobre él una marca que lo diferenciará del vulgo, y hará que nadie ose tocarlo: "El que mate a Caín lo pagará siete veces".[14]

13. Mellinkoff, Ruth. *The Mark of Cain*. University of California Press, 1981, p. 47.
14. Génesis, 4:15. En *Sagrada Biblia*. Versión oficial de la Conferencia Episcopal Española. Biblioteca de Autores Cristianos, 2023.

Aparte de lo imprecisa que es la Biblia respecto a la naturaleza del signo que supuestamente el Altísimo le estampa a Caín cual ganadero herrando sus reses, a enturbiar el misterio contribuye la dificultad de traducción del término hebreo *oth*, no tanto por el concepto al que alude como por la amplitud de significados abarcados por él. Así, entendida de forma general como 'señal', esta palabra puede interpretarse indistintamente como 'gesto', 'símbolo', 'advertencia' o, incluso, 'prodigio'.[15] Dado que engloba tanto los augurios como los milagros, es ciertamente equívoca a la hora de esbozar posibles conjeturas. En el Antiguo Testamento aparece varias veces para referirse a un indicio visible por medio del cual Yahveh se comunica con el hombre, generalmente para exigir de él fe, obediencia o alabanza, y que puede ser depositado no sólo en personas, sino también en fenómenos naturales y en actos proféticos y portentosos. La marca que se le concede a Caín puede por tanto tratarse de un elemento físico, como una cicatriz o una mancha; pero también puede apuntar simplemente a la maldición que Yahveh vuelca sobre él. A este respecto, R. W. L. Moberly propuso en 2007 la tesis de que en realidad dicha marca no era un elemento observable, sino el propio designio divino. Según esta hipótesis, la señal sería el mensaje que el Creador lanza al mundo para advertir de las

15. En este sentido, la circuncisión se entiende igualmente como una señal de pertenencia a la estirpe de Abraham en el contexto judío.

nefastas consecuencias que puede acarrear matar a su díscolo siervo.[16]

Entendiendo que el cuerpo, así como las lecturas que se hacen de él están inscritos en un discurso, sería interesante analizar cómo las distintas interpretaciones que se le han dado a la señal de Caín con el devenir de los siglos responden a las cuestiones ideológicas del momento en el que fueron pergeñadas, puesto que no son consistentes a lo largo del tiempo. Esto es algo que bien supo mostrar Ruth Mellinkoff al señalar que Caín es la ambivalencia por excelencia: es castigado por su espeluznante homicidio, pero es igualmente recompensado con una poderosa misericordia divina, y ambos (asesinato y piedad) quedan inmortalizados en esa señal que es simultáneamente una humillación y un indulto. Caín es anatema, tan pronto es un asesino contumaz como un penitente escarmentado, y su marca, cualquiera que sea su aspecto, es un sello que enfatiza su otredad. Dado que a él se le conceden la condenación y la gracia de Dios prácticamente al mismo tiempo, la interpretación respecto a la naturaleza de esta marca tan polivalente ha ido dependiendo también del modo en el que el mismo Caín fuese percibido en el momento: o bien la señal recalcaba la vergüenza de un criminal irredento, o bien otorgaba un tiempo extra a un pecador arrepentido, concedién-

16. Moberly, R. W. L. "The Mark of Cain-Revealed at Last?" *Harvard Theological Review*, vol. 100, nº 1, 2007, pp. 11-28.

dole la oportunidad de redimirse. Aunque semejante estudio sociológico se escapa por completo a los límites de este análisis, sí se le pueden dedicar unos breves párrafos a estudiar alguna de las muchas exégesis que se le dan a esta anécdota bíblica en la actualidad.

Ciertamente, la misteriosa señal podría tratarse simplemente de las palabras enunciadas por un dios colérico pero compasivo. No obstante, tiene más sentido imaginarse una marca fácilmente visible que enuncie esta condición de expatriado adoptada por Caín tras su monstruoso asesinato. Entre otras cosas, como indica Foucault, si antiguamente el cuerpo de los condenados funcionaba como pregonero de su propia condena, la marca debía ser capaz de visibilizar esta proclamación. No sólo eso, como parte de un ritual tanto penal como político, la afrenta de Caín no sólo amenazaba con desestabilizar el orden, sino que atacaba directamente al soberano (en este caso, Dios), al haber violado la ley divina. Aunque protectora, la señal debía ser también ejemplarizante y, en consecuencia, ostensible. El cuerpo de Caín ha dejado de pertenecer a la tribu y dicha escisión debe tener una manifestación física que deje constancia de su nueva situación tanto a nivel político como legal. De hecho, a lo largo de la historia ha sido frecuente 'marcar' a determinados individuos con el propósito de humillarlos o identificarlos como delincuentes, depravados o meras posesiones, pero, en última instancia, con el objetivo de reconocerlos como escisiones de la sociedad, en la que nunca iban a poder ser (re)integrados. Esto sucedía con los esclavos en la época colonial o, más recientemente, cuando a los homosexuales se les cosía un triángulo a su uniforme y a los judíos se les tatuaba un número en el brazo durante la Shoah.[17]

Si bien concebida como un elemento de protección, la marca de Caín lo singulariza y lo distancia de los demás mortales, contribuyendo a su aislamiento. Hoy en día en el imaginario colectivo pervive la idea de que la señal era material y que el portador la llevaba en la frente, pero el texto original no aporta absolutamente nada que induzca a pensar tal cosa. Es más, mientras que ahora se estila la creencia de que se trataba de un elemento concreto y pequeño, como un tatuaje, en otros tiempos se barajó también la posibilidad de que la señal fuese algo más desconcertante, quizás un cuerno –como sostenía Abba José ben Hanan–[18]

17. Considero más acertado utilizar este término ("catástrofe" en hebreo) por la cual los judíos se refieren a la política de exterminación llevada a cabo durante el régimen nazi a lo largo de la Segunda Guerra Mundial, en vez del más extendido 'holocausto', que alude en realidad a los sacrificios en los que se quemaba a la víctima. El sacrificio es una ofrenda destinada a agradecer dones o expiar faltas, elementos en absoluto relacionados con la aniquilación masiva de personas, ejemplo que utiliza Agamben para ilustrar al homo sacer de la sociedad (casi) actual.

18. Sabio rabínico del periodo de los Tanaim, comprendido entre el 1 y el 220 d.C.

o bien algo que afectase a todo el cuerpo, como un tembleque o una enfermedad. La más descabellada quizá sea aquella tradición que dice que en realidad lo que hizo Yahveh fue oscurecer la piel del señalado, creándose así el primer individuo de color. Esto permitió entender la negritud como un síntoma del rechazo divino y dicho argumento en su día se esgrimió puerilmente como excusa para justificar aberraciones tales como la esclavitud. Independientemente del componente racista que sustenta dicha explicación, esta última interpretación tiene cierta lógica. Supuestamente, la marca de Caín debía consistir en algo que denunciara su condición de proscrito. Es decir: tenía que ser algo lo suficientemente visible para que cualquiera que le mirase desde la distancia entendiese inmediatamente que se trataba de un 'otro', un ente foráneo que no pertenecía al grupo. Partiendo de esta premisa, no resultaría tan descabellado pensar que, efectivamente, la señal se reflejase en su cuerpo de una forma mucho más generalizada, a través de una discapacidad física, un tono distinto de piel, o una cantidad anormal de pelo.

Una de las líneas interpretativas más aceptadas apunta, como mencionaba antes, a la inscripción de un tatuaje –quizá una letra– en alguna parte del rostro de Caín que le permitiría ser reconocido, para bien o para mal, allá adonde fuere. En su reciente publicación *El cuerpo enunciado*, Pablo Cerezo (2025), entre muchas otras explicaciones, alude al tatuaje como aquello que nos inscribe en el presente y nos permite recuperar cierta sensación de control al elegir voluntariamente el diseño con el que queremos entintar nuestra piel.[19] Esta manera de aferrarse a un instante y espacio concretos es necesaria en un momento en el que las relaciones económicas, sociales y personales son, como bien señaló el sociólogo Zygmunt Bauman, *líquidas*, esto es: caracterizadas por la transitoriedad, la superficialidad, la inestabilidad y la incertidumbre.[20] La desconfiguración de los parámetros que antaño proporcionaban cobijo y raigambre al sujeto lo lleva a sentirse solo, perdido e incomprendido; y el tatuaje se alza entonces, entre otras muchas cosas que Cerezo desmenuza en su obra, como un intento de reapropiación de esa identidad desubicada, un afán por preservar momentos y vínculos que la vertiginosidad propia de la postmodernidad amenaza con borrar de nuestra memoria. Es cierto que Caín no porta un tatuaje por elección propia sino por imposición, pero, independientemente de que sea voluntaria o forzosa, la modificación corporal sobrevenida sirve igualmente para resaltar la identidad de, en este caso, un sujeto perpetuamente desubicado.

19. Cerezo, Pablo. *El cuerpo enunciado. Cómo el tatuaje explica nuestro tiempo.* Siglo XXI, 2025.
20. Bauman, Zygmunt. *Vidas desperdiciadas: la modernidad y sus parias.* 2003. Traducido por Pablo Hermida Llazcano, Paidós Ibérica, 2005.

El tatuaje ostenta una pesada carga simbólica y un fuerte componente social. Si bien en origen se utilizaba para constatar la afiliación a un clan y el rol social que se ocupaba dentro del mismo, lo cierto es que el cuerpo que lo aloja ya no es el que era antes, y la señal para siempre forjada en la piel al final subraya que esa persona, o al menos una parte de su identidad, ha dejado de pertenecer a la categoría que previamente ocupaba. El tatuaje se asienta en el cuerpo del mismo modo que un mojón es colocado en un mapa: ya sea heroico, traumático, o conscientemente buscado, el grabado apuntala un hito y particulariza al sujeto. Cuando, tras pasar entre cuatro y cinco años conviviendo con los Mojave, Olive Oatman fue liberada de su cautiverio y regresó a la sociedad blanca, lo hizo con un distintivo tatuaje en barbilla y brazos que denotaba su pertenencia al grupo indígena con el que había cohabitado y al cual, muy probablemente, había llegado a pertenecer. Sin embargo, ya de vuelta entre "los suyos" su aspecto físico constituía una rareza que era difícil pasar por alto. Por mucho que su piel dijese lo contrario, Olive ya no era enteramente caucásica.

Caín representa muy bien esta sociedad líquida sobre la que Bauman teorizó. Es aquél que, en su vagar, permanece en un limbo perpetuo, aquél que no se puede asentar porque el tatuaje en su rostro acrecienta su diferencia, su irrevocable no pertenencia. Al manifestar tanto el crimen cometido como su lazo con la divinidad, el tatuaje corroboraría su no-lugar en el mundo, constituiría un mapa para todo ciudadano que le viera, que sabría reconocer el terreno en el que se movía si osaba lastimar a Caín. Por tanto, la marca constituye un símbolo dual: lo señala como un maldito a la par que lo protege de todo mal. La singular identidad de Caín queda alterada para siempre en el momento en el que la marca es inscrita en su cuerpo, de ahí que, según esta interpretación, tenga sentido que dicha señal sea un tatuaje.

Llegados a este punto, quizá sea pertinente traer a colación la figura del *homo sacer* tal y como fue desarrollada por Agamben. Según explica el filósofo italiano, en el siglo II d. C., el gramático Sexto Pompeyo Festo dejó inmortalizada en su *De Significatione Verborum* una figura singular dentro de la legislación romana: el homo sacer u hombre sagrado. Bajo este apelativo se incluía a aquellas personas que, a causa de algún delito específico, no podían ser ofrecidas en sacrificio, pero a las que cualquiera podía matar sin ser condenado. Es decir: aunque asesinarlo no constituía ni homicidio ni sacrilegio, no podía ser sometido a otras fórmulas autorizadas de ejecución. El poder ser asesinado con impunidad mientras que a su vez se prohíbe ofrecerle en sacrificio coloca al *homo sacer* en una posición aparentemente contradictoria. Por un lado, pudiera parecer que el motivo por el cual no se le puede inmolar es porque ha pasado a constituir un tabú, un individuo 'impuro' que no sirve para ser ofrecido a los dioses. De ser así, sin embargo, ¿cómo sería posible acabar con su vida sin quedar manchado o sin cometer sacrilegio? Si, por el contrario, el castigo era equivalente a una pena de muerte, ¿por qué no ejecutarlo directamente? Sería razonable pensar que representaba una categoría independiente de condena.

La etimología del término puede ayudar a entender un poco mejor este galimatías. En su origen, sacer aludía a todo aquello que no era profano y, por lo tanto, se encontraba apartado de la sociedad común, lo cual incluía tanto lo que se escindía por ser extraordinario y exceder los límites de lo humano ('sagrado'), como aquello que se excluía a razón de su execración ('maldito'). Es decir, *homo sacer* podría hacer referencia simplemente al proscrito, a aquel individuo que, a causa de un delito reprobable, era condenado al exilio y al que se le negaban todos los derechos que se le aplicaban a la comunidad. Con esto se pretendía eliminar el elemento 'estigmatizado' para evitar contaminar la ciudad, pues el crimen amenazaba con desestabilizar el orden político. Se trataba, por tanto, de un individuo impuro del que había que deshacerse.

Así pues, para poder constituir un *homo sacer*, tenían que darse dos condiciones:

-Era aislado a tenor de su condición de 'sagrado/maldito' y, por ese motivo, no podía ser sacrificado.

-Se le podía matar con total impunidad.

El primer elemento se da en la figura de Caín, que tras su fratricidio se convierte en un tabú para la comunidad. Sin embargo, lo que transforma a Caín en tabú no es la señal con la que se le protege, sino el castigo impuesto a consecuencia del feroz fratricidio, según el cual nada que cultive con las manos brotará. Esto es lo que le convierte en un ser impuro. De sus manos, que han sido capaces de cercenar la vida de su hermano, ya sólo puede germinar muerte. Son manos sucias que reflejan el estado contaminado del individuo que las posee. La impureza de Caín, exteriorizada inicialmente a través de su descarnado crimen, se vuelve perpetua en el momento en que Yahveh lo condena a que nada de lo que cultive dé fruto.

La relación tanto del homo sacer como la de Caín con el tabú quedan, a partir de esta premisa, clara. Caín no puede ser sacrificado porque, en calidad de ser impuro, contagiará al resto si se le toca. La pureza, tal y como la entendía la antropóloga Mary Douglas, es uno de los pilares fundamentales que sustenta y aúna a las sociedades, aunque lo que se entienda por ella pueda variar entre culturas.[21] Para garantizar su seguridad, aquellos elementos considerados tabúes por el grupo deben ser apartados, de lo cual se entiende que la limpieza no es sólo un producto de la higie-

---

21. Douglas, Mary. *Pureza y peligro. Un análisis de los conceptos de contaminación y tabú*. 1966. Traducido por Edison Simons, Siglo XXI, 1973.

ne sino también una muestra de respeto por las convenciones gracias a las cuales se preserva el orden. Ésta es la misma razón por la que Caín tampoco puede ser aceptado en otra tribu, pues con ello se aceptaría el mal en su seno, quedando ese nuevo grupo igualmente mancillado.

Al funcionar el cuerpo como símbolo de la sociedad, los miembros que desafían el bienestar de la colectividad se reproducen del mismo modo a pequeña escala en él. En la novela *El perfume*, de Patrick Süskind (1985), por ejemplo, nos topamos con Grenouille, un joven psicópata carente de olor corporal que busca encontrar la fragancia más embriagadora de todos los tiempos, para lo cual hace uso de los cadáveres de jóvenes vírgenes que, a su entender, son las que emanan el aroma más cautivador. La falta de empatía y escrúpulos que caracterizan al protagonista se reflejan corporalmente mediante un rasgo fisiológico que genera un rechazo automático en los demás personajes que interactúan con él: su ausencia de olor. Esto se debe a que, al no emanar su cuerpo efluvios aromáticos, no se le puede reconocer como un miembro del clan, por mucho que físicamente no presente ninguna otra diferencia. Su particularidad olfativa es una manifestación de su alteridad. Grenouille es un individuo impuro que compensa su 'suciedad' simbólica intentando destilar el perfume perfecto a partir de la pureza hallada en el cuerpo de bellas muchachas que aún no han catado varón, pues ¿qué puede haber más inmaculado que una doncella? El ejemplo de Grenouille en *El perfume* es ciertamente paradigmático para ilustrar esta idea de pureza como elemento diferenciador entre el individuo al resguardo de una comunidad que lo protege y el extraño y potencial enemigo al que extirpar de la vida pública.

En el *homo sacer*, tal como lo entiende Agamben, se produce una exclusión de la ley divina, al prohibirse su sacrificio; y una exclusión de la ley humana, al poder ser matado sin castigo. Aunque esto, a primera vista, puede sonar como una forma bastante cutre de eludir responsabilidades y permitir que el reo se fuera de rositas, la realidad era que, precisamente por su condición de sacer el sujeto quedaba anclado a un estado liminal, cuyo lugar dentro de la configuración del grupo dejaba de estar claro. Era un marginado desprovisto del amparo que ofrecen los dictámenes humanos, de ahí que pudiera ser aniquilado con total impunidad. Un absoluto paria, vamos. No obstante, esta segunda característica que implica que cualquiera puede matarlo y salir indemne no se cumple en el caso de Caín, pues queda claro que el dios lo ampara, llegando este último a declarar que cualquiera que lo dañe recibirá un castigo siete veces mayor. Aunque se pueda acabar con su vida, las consecuencias de hacerlo serían terribles. Por eso, aunque se encuentre fuera de la jurisdicción humana, queda aún una ley divina que lo resguarda. El crimen de Caín determina su impureza, lo transforma en un tabú; pero la marca divina evita que se convierta en sacer.

La permanencia y proliferación de la posterior estirpe de Caín, los cainitas, se ha empleado para explicar la continuidad del mal en la Tierra, dándole así un origen, si no puramente humano, sí al menos principalmente terrenal. En cualquier caso, por mucho que finalmente encuentre un lugar en el que asentarse y crear su propia familia, lo cierto es que la situación del susodicho es desoladora cuanto menos. La señal indeterminada de Caín refleja su situación incierta e inclasificable. En ese sentido, su imprecisión es indispensable, pues otorgarle una naturaleza concreta a su marca permitiría clasificar al portador en una categoría u otra, esto es: conocerle. Pero Caín es y debe perdurar como el eterno desconocido incognoscible, aquél que únicamente puede ser reconocido porque no se le identifica: su señal, paradigma de su maldad innata, es el *hic sunt dracones*: esas serpientes gigantes y demás criaturas fantásticas que se colocaban antiguamente en los mapas para señalar las tierras desconocidas y, en consecuencia, peligrosas y hostiles. Aunque señalado, lo que predomina es el desconocimiento de esa señal, que entraña que el mismo Caín carece de rasgos identitarios, y por eso es fácilmente reconocible.

La indeterminación de la marca en el atlas corporal de Caín no sólo trae para él consecuencias políticas y sociales. Aparte de brindarnos presencia física, el cuerpo funciona también como una encarnación de la conciencia, que nos fija en él; es una materialización de nuestra vida interna. De esta forma, constituye una frontera entre la propia identidad y la de los demás, cuyos confines, al igual que ocurre en la cartografía, vienen definidos por constructos históricos, políticos, y sociales. Mas las fronteras son permeables y allí donde se enmarcan generan movimiento y conexión. Bajtín entendía la formación de la identidad como un proceso dialógico en el que el individuo necesita de otro para poder constituirse.[22] Es en esa constante interacción con lo ajeno que lo propio se define, tanto por oposición como por afinidad. Como ya hemos visto, el conocimiento que adquieren Adán y Eva al probar el fruto prohibido es, en realidad, un reconocimiento al tomar conciencia del otro. De ahí la necesidad de cubrir sus cuerpos. Pero lo que la marca en Caín simboliza, sin embargo, es que ese diálogo ya no puede darse. Caín es esa frontera entre el 'yo' y el 'otro' y la señal colocada en su cuerpo se alza como un muro que impide toda filtración entre ambos. Es una manifestación de este estado marginal y ambiguo en el que se encuentra situado, que no podrá materializarse en algo concreto jamás. Es el perpetuo excluido, no sólo de los intercambios que crean comunidad, sino igualmente de las instituciones (política, social, cultural) que la perpetúan.

22. Bajtín, Mijaíl. *Yo también soy. Fragmentos sobre el otro.* Traducido por Tatiana Bubnova, Ediciones Godot, 2015.

Esta anécdota bíblica permite sintetizar la idea anteriormente enunciada de que el cuerpo, en calidad de barrera entre el individuo y el universo que lo moldea, funciona como un terreno sobre el que simultáneamente se refuerzan y desintegran doctrinas, preceptos, y símbolos. Es un mapa cartografiado donde las distintas marcas, bultos y colores señalan puntos de (re)significación, y contribuyen a orientarnos. De ello se deduce que todas aquellas señales que queden impresas en él no son inofensivas: transmiten un mensaje que afecta y puede modificar cómo la sociedad nos ve o cómo nos desenvolvemos en ella. En el caso de Caín, independientemente de su naturaleza, deviene una barrera que lo separa de sus congéneres al impedirle formar parte de una comunidad. Su marca lo transforma directamente en ese 'otro' que no puede constituirse en 'yo', incapaz de definirse porque permanece en el limbo: no puede agregarse a una comunidad, ni permanecer enteramente aislado de ella. Para sobrevivir, tiene que encontrar la forma de dejar de ser un 'otro', lo que necesariamente conlleva, como hemos visto, erigir una ciudad y crear su propio clan.

Da igual cuáles sean las propiedades de esta ominosa señal. Independientemente de si alude a un cuerno, unas pústulas purulentas, una deformidad congénita, un hirsutismo caballuno, una cicatriz horripilante, o un tatuaje, lo que trasciende es la manera en la que, en este caso, rehúsa significar al cuerpo, así como las implicaciones sociales y políticas que esto tiene. En contraposición a las circunstancias normales que hacen que un cuerpo marcado permita una suerte de 'conocimiento' del sujeto, tanto a nivel intrapersonal (lo que nuestro cuerpo proyecta de experiencias vividas), como a nivel interpersonal (lo que otros perciben a tenor de cómo nos mostramos); la señal de Caín es en realidad un vacío que permite que a Caín sólo se le reconozca como aquél que no pertenece a nada. Es el eterno excluido tanto para los demás como para sí mismo. En su falta de significación y en su ininteligibilidad radica la especial resonancia de su marca, resultado de una condena al señalado que visibiliza el crimen, pero invisibiliza a su portador.

El cuerpo cercenado: la doncella manca

La señal en Caín deja claro que las alteraciones corporales reflejan y transmiten un mensaje como es, en este caso, el de la impureza de su portador, cuya infracción ha consistido en el asesinato a sangre fría de su hermano. Como hemos visto, la corrupción moral del personaje se materializa en el relato a través de una marca ambigua que lo protege, pero que simultáneamente lo ultraja. Este componente de vergüenza adscrito a determinados distintivos corporales es importante para entender por qué se ha optado a lo largo de los siglos por marcar físicamente la carne para exhibir la degradación a la que se quiere someter a la víctima de tales maniobras. Aunque en el cuerpo se pueden ejercer toda suerte de correctivos, interesan especialmente aquellos que dejen una secuela de por vida que sirva como advertencia para el resto del clan. No es de extrañar, por tanto, que la mutilación haya sido tradicionalmente una de las formas preferidas para perpetuar esta humillación.

A lo largo de la historia, el cercenamiento de una parte del cuerpo ha constituido un castigo frecuente para determinado tipo de faltas que aparece ya incluido en el *Código de Hammurabi* (1728 a.C.). En textos legales de la antigua India se aprecia que la transgresión sexual conllevaba la pérdida de la nariz, algo que en Europa también se hacía durante los siglos XIV y XV para escarmentar a los adúlteros, los homosexuales, y las prostitutas. Muchas veces la zona o miembro sancionado guardaba conexión con el crimen cometido, como sucede en las *Siete Partidas* redactadas durante el reinado de Alfonso X, donde incurrir por tercera vez en un delito de blasfemia se castigaba con la pérdida de la lengua y el marcado de labios con acero ardiendo. Esto si la persona no tuviera posesiones que se pudiesen confiscar, claro. Porque, como bien es sabido, la igualdad ante la justicia viene determinada por el tamaño de la cartera.

La mutilación, que es común de una forma u otra a todas las culturas, se alza como un símbolo de humillación a través del cual o bien se protege la honra, o bien se rehabilita el honor mancillado en la misma medida en que se denigra al culpable. El poder, ya sea el de la familia o el de la ley, somete al individuo, dejando un muñón allí donde debería agitarse un miembro sano. Si el cuerpo del individuo funciona a nivel simbólico como representación del cuerpo social, la mutilación corporal efectuada sobre aquel que ha transgredido las normas ha de entenderse entonces no sólo como una crueldad ejemplarizante, sino como un intento por garantizar el funcionamiento estable de la comunidad, así como de restaurar el orden. Es una forma de aseverar que ese sujeto ha quedado impuro a causa de una falta cometida y la comunidad no sólo lo reconoce, sino que lo rechaza activamente, extirpando a nivel simbólico el miembro infectado.

En la actualidad, si bien condenada en muchos sitios, queda aún mucho recorrido por delante para eliminar la mutilación punitiva del código legislativo internacional, pues se sigue viendo como un rito de degradación íntimamente relacionado con cuestiones de decoro y vergüenza, y cuesta erradicarla. Es el caso de Irán, Yemen, Sudán, o Afganistán. Un ejemplo lo constituyen los delitos *hudud*, una de las cuatro categorías dentro del derecho penal islámico por la cual se castigan infracciones específicas como el bandidaje, la apostasía o el adulterio. Una de las penas administradas era la llamada amputación en cruz, en la cual se privaba al reo de su pie izquierdo y mano derecha, independientemente de si era zurdo o diestro. El motivo por el cual se escogía siempre la mano derecha se debe a que el islam determina que la diestra es la que debe usarse para fines elevados, tales como comer o escribir, y la siniestra se reserva para el aseo personal. Despojar al condenado de su mano derecha le obligaba a conducirse en la vida usando siempre la mano 'sucia', esto es: la impura, lo que le colmaba de indignidad y suponía una grave afrenta.

Aunque poco frecuente y muy polémica, esta pena continúa vigente en zonas como Mauritania o Arabia Saudí, en las que la amputación genera un gran estigma. De igual manera, incluso en áreas donde ya no está amparada por el código penal, los llamados crímenes de honor operan en varias regiones del mundo, tales como el sur y este de Asia y Oriente próximo.[23] De sobra son conocidas también prácticas como la ablación o la infibulación que, aunque a menudo prohibidas, se llevan a cabo a escondidas, especialmente en territorios de África y Asia, pues muchas culturas ven a la mujer como recipiente del honor y buen nombre de la familia. En estos casos el objetivo no es tanto restituir el honor como salvaguardarlo, pero para ello la humillación se erige elemento fundamental.

Contagiada por un espíritu humanista, la popularidad de la mutilación decayó en Europa al menos desde la Ilustración, aunque siguió efectuándose en territorios colonizados, como sucedió en el Congo bajo la opresión de Leopoldo II de Bélgica. Sin embargo, aunque se perciba

---

23. Aunque lo común en este tipo de crímenes sea que uno o varios miembros masculinos de una familia maten a la víctima (generalmente una mujer, pero no siempre) bajo el pretexto de que su comportamiento los ha llevado a la deshonra, a veces el asesinato se sustituye por una mutilación.

hoy por hoy como un arcaísmo y un signo de incivilización, su rastro todavía pervive, de forma claramente anacrónica, aunque no marginal, en la literatura popular. Sorprendentemente, los cuentos de hadas son un género bastante propenso a mostrar jovencitos (y, sobre todo, jovencitas) dispuestos a dejarse cercenar por un familiar o, peor aún, hacerlo ellos mismos. Pero aquí, como se verá, se dan dos particularidades que es importante reseñar: por un lado, la voluntad de los protagonistas a la hora de permitir que se ejerza sobre ellos un acto de violencia tan descarnada. Por otro, la manifestación de la mutilación como un sacrificio en vez de un castigo que, en consecuencia, lejos de resaltar la ignominia de los personajes, constata su irrefutable pureza. De hecho, aunque en los relatos populares los hombres también pueden caer presa de estos macabros ataques, la predominancia de figuras femeninas en este tipo de historias hace pensar que ni la elección de la víctima es casual ni la mutilación constituye un mero condimento tétrico con el que vitaminar el relato. Resulta asimismo sencillo apreciar cierta inclinación en todas estas historias por desproveer a las muchachas de sus manos: en "Los tres cuervos", de los hermanos Grimm, la muchacha se corta un dedo para conseguir abrir una cerradura tras haber perdido previamente la llave, un gesto que recuerda al de Udea, protagonista de un relato libio que debe sacrificar uno de sus dedos para que un anciano, que resulta ser caníbal, le dé un ascua con la que cocinar para sus hermanos. Tradicionalmente, a las mujeres se les ha exigido un número mayor de sacrificios para cumplir con las expectativas de una sociedad que muy pocas veces tenía en consideración sus necesidades, menos aún sus ambiciones, por lo que no es de extrañar que en los cuentos de hadas[24] donde acontecen mutilaciones, tiendan a ser más chicas que chicos las que las padecen.

Esta predilección de los cuentos por lo macabro puede resultar chocante en un contexto dominado por empresas como Disney, que lleva años edulcorando las historias para niños hasta el empalago, y en el que, en aras de proteger la inocencia del público infantil, se cometen atropellos varios, como convertir a Blancanieves en minera empoderada o al lobo feroz en un contumaz vegetariano. Las fuentes de las que beben estas versiones más benignas, sin embargo, no son ni tan afables, ni tan idealistas. Esto se debe, entre otras cosas, a que la imagen que se proyecta del cuerpo y el uso que se hace de él en los cuentos de hadas no es banal, especialmente si se tiene en cuenta que este tipo de relatos han

24. Son varios los términos que suelen usarse en contextos informales como sinónimos, entre los que encontramos cuentos de hadas, cuentos mágicos o maravillosos, cuentos, folclóricos, etc. Si bien hay notorias diferencias entre unos y otros, así como bastante falta de consenso, por simplificar usaré 'cuentos de hadas' como hiperónimo de todos aquellos relatos de fuente generalmente anónima (es preciso matizar la distinción entre autor y recopilador, aunque ambas funciones se solapen) y origen por lo común popular.

servido durante los últimos siglos como medio a través del cual instruir a los niños en los valores imperantes de su cultura.

Un caso paradigmático lo constituye el cuento de "Cenicienta". En la primera edición de 1812 de los *Cuentos de la infancia y del hogar* de los hermanos Grimm, las hermanastras de la protagonista se cortan una parte del pie (la mayor, el talón; la segunda, los dedos) para conseguir entrar en las zapatillas doradas[25] y casarse con el príncipe. Todavía más terrorífico resulta que sea su propia madre la que les tiende el cuchillo con el que hacerlo, indicándoles que les "hará un poco de daño, pero qué importa, se os pasará pronto, y una de las dos será reina".[26] En versiones posteriores lo que declara es que, una vez sean soberanas, ya no necesitarán andar. Este relato ilustra a la perfección lo lejos que son capaces de llegar las muchachas para encajar en un molde cuyos parámetros vienen dictados por la

25. En el imaginario popular ha persistido la versión de Perrault, en la que el zapato es de cristal. Los Grimm, sin embargo, optaron por el oro.

26. Cortés Gabaudan, Helena (Ed.). *Los cuentos de los hermanos Grimm tal como nunca te fueron contados*. La Oficina, 2025, p. 139. Para todas las citas extraídas de los relatos de los hermanos Grimm se ha utilizado esta traducción que Cortés Gabaudan hizo directamente sobre la versión inicial de los relatos de 1812, antes de ser 'adulterados' para aclimatarlos al paladar de un público aburguesado. Está traducción fue publicada por primera vez en 2019 e incluye un análisis filológico fantástico.

sociedad, simplificado en el cuento en la horma de un delicado zapatito. La mutilación, indica Cheryl Cowdy (2012), sirve como recordatorio de las demandas simbólicas de la cultura occidental sobre el cuerpo adolescente femenino.[27] El gesto de la matriarca ofreciéndoles el arma que posibilitará su sajadura es, a simple vista, cruel y despiadado, dejando entrever que a veces son las propias mujeres las primeras en oprimirse unas a otras; pero detrás de su admonición quizá se esconda el sincero deseo de conseguir que sus retoños prosperen en la vida. Dependiendo de si se lee bajo el prisma de una ambición despótica o de un anhelo lacerante, puede haber un resquicio de redención para esa madre terrible que apremia a sus hijas a inmolar una parte de su cuerpo a cambio de un bien mayor, pues casarse con el príncipe implicaría una existencia acomodada y llena de lujos.

Otro motivo bastante recurrente en narraciones populares es el de la joven que, resuelta a mantener intacta su virtud, termina manca. Este relato existe en culturas dispares como pueden ser las de Italia, Francia, Rusia y Japón, aunque con esperables diferencias. En Asturias, Aurelio del Llano Roza de Ampudia recoge una versión titulada "La

27. Cowdy, Cheryl. "Resistant Rituals: Self-Mutilation and the Female Adolescent Body in Fairy Tales and Young Adult Fiction." *Bookbird: A Journal of International Children's Literature*, vol. 50, nº 1, 2012, pp. 42-52.

niña sin brazos" en la que un padre le corta los brazos y le saca los ojos a su hija menor, Mariquita, al enterarse de que ésta se dedica a dar limosna a los vagabundos en contra de su voluntad, lo que recuerda a su vez a uno de los relatos de *Las mil y una noches* en el que un rey manda cortar las manos a una piadosa joven que le ha ofrecido dos mendrugos a un mendigo en contra del decreto que lo prohibía.[28]

Seguramente una de las primeras versiones escritas de este motivo en la literatura europea lo constituya "Biancabella y la serpiente", de Giovanni Francesco Straparola (1550). El argumento gira en torno a una joven que se promete al príncipe Ferrandino, pero al enterarse la reina, que envidia su belleza, da órdenes a sus sirvientes de matarla. Estos se ven incapaces de hacerlo, por lo que se *limitan* a cortarle los brazos. En 1634, el escritor napolitano Giambattista Basile incluyó el relato de "Penta, la de las manos cercenadas" en su *Pentamerón*. En él, la protagonista se corta sus propias manos para evitar los avances de su lascivo cuñado, que poco después de quedarse viudo empieza a expresar su predilección por esa parte del hermoso cuerpo de la joven. De esta versión resulta llamativo que es la propia doncella la que lleva a cabo el sacrificio, y no la que cede pesarosamente a él. Mediante la inmolación

28. del Llano Roza de Ampudia, Aurelio. *Cuentos asturianos recogidos de la tradición oral.* Junta para Ampliación de Estudios e Investigaciones Científicas, Centro de Estudios Históricos, 1925.

de sus manos, la víctima busca alejarse del canon estético para dejar de resultarle atractiva a su acosador y, así, seguir manteniendo intacta su pureza.

La versión más recordada puede ser sin embargo la que recogen los Grimm en su archiconocida compilación. En "Muchacha sin manos" la hija de un molinero es entregada por error al diablo. Para cuando el susodicho se presenta a recoger su mercancía, la muchacha ha llevado a cabo un ritual de protección, colocándose en medio de un círculo trazado con tiza y habiéndose lavado hasta quedar impoluta. Enfadado, el diablo le indica al molinero que le quite el agua a su hija para que no pueda lavarse. Sin embargo, cuando regresa al día siguiente la pobre criatura ha llorado tanto sobre sus manos que ha podido asearse con sus lágrimas. El diablo le exhorta entonces al desdichado molinero que le corte las manos a su hija o, de lo contrario, se lo llevará a él en su lugar. Lejos de mostrarse angustiada, ella se ofrece abnegada para que su padre proceda debidamente. Lo mismo da: cuando al día siguiente el diablo vuelve a reclamar su recompensa, la joven ha seguido llorando sobre sus muñones, por lo que sigue impecable, y el malvado abandona el lugar frustrado y furibundo. El motivo de la higiene en este cuento invita a ser interpretado en clave simbólica, especialmente si se tiene en cuenta que el término original usado por los Grimm para referirse a ella es *rein*, que implica no sólo una limpieza física, sino también

espiritual. La razón por la cual el demonio no puede llevár-
sela es porque ella está inmaculada o, dicho de otra manera, porque es pura. La advertencia es clara: las doncellas
han de mostrar un comportamiento casto y ejemplar, y no
dejarse seducir si no quieren caer presas del maligno. Para
cuando llegamos a esta versión escrita del relato toda con-
notación sexual que veíamos en Basile ha sido diluida hasta
su práctica desaparición, y solo sobrevive de manera tan-
gencial en esa apremiante obsesión de la muchacha por
tener el cuerpo lavado cuando el demonio viene a por ella.
Pero ésta no es una cuestión de mero pudor, y su relación
con la virginidad queda mucho más patente en otras adap-
taciones, sobre todo anteriores, del cuento.

Aun si el componente sexual es más o menos evidente, el
mensaje que subyace en casi todas las versiones sigue siendo el mismo: si una es pulcra y mantiene su cuerpo vir-
tuoso, entonces no debe temer al mal. No en vano, con el
paso de los años, y siempre gracias a la moral intachable y
lealtad inquebrantable de la muchacha, en varias versiones
las manos le vuelven a crecer. Si el cercenamiento traía
como consecuencia la pérdida de autonomía de la protagonista, la recuperación de las manos apunta hacia su ins-
taurada madurez, sabiduría e independencia. Es decir: la
mutilación, en este caso, constituye un rito de paso a la
edad adulta, que se salda con los valiosos miembros de la
adolescente.

Del mismo modo en que el castigo ejercido sobre Caín lo aísla de la tierra de la que obtenía alimento al hacer que sus manos queden yermas, la pérdida de las manos implica para la joven víctima de estas historias cierto aislamiento de la comunidad a la que pertenece. En la mayoría de versiones de este cuento, de hecho, la muchacha abandona el hogar familiar una vez transcurrido el episodio, y se marcha con un muñón delante y otro detrás a buscarse la vida. Pero aquí no se da una condena. Recordemos que ella ha ofrecido sus manos en sacrificio, mientras que Caín es aquél al que no se puede sacrificar. Caín, en calidad de no sujeto, de espécimen impuro, no puede ser ofrecido en sacrificio porque su suciedad simbólica contagiaría al resto de la comunidad. En cambio, el sacrificio de la doncella nada menos que de sus manos ensalza la pulcritud del individuo frente al mal que amenaza a su familia.

Esta interpretación en clave antropológica poco tiene que ver con el propósito pedagógico que se les da a las historias folclóricas por lo menos desde el siglo XIX, y entronca con la visión de Vladimir Propp cuando afirma que el origen de los cuentos populares se halla en mitos, leyendas y demás relatos con los que explicar fenómenos de la psique profunda. Aunque en ciertos círculos determinados aspectos de su teoría se consideran anticuados o desproporcionados, quizá no sea descabellado concebir un origen común tanto para los cuentos populares (de los que posteriormente emergerán los cuentos de hadas) como para los mitos, aunque sólo sea porque la psique de los individuos que les dieron forma originariamente se proyecta en ambos. En este sentido, hay ciertas coincidencias que son difíciles de ignorar como, precisamente, la noción de sacrificio.

Por definición, el sacrificio es toda ofrenda obsequiada a una deidad en señal de pleitesía o como acto de reparación que, en sus orígenes, implicaba una matanza, ya fuese humana o animal. René Girard entendía el sacrificio como un acto religioso de extrema violencia volcada sobre una víctima sacrificable mediante el cual las sociedades buscaban protegerse de su propia violencia. Se representaba aquello que se quería evitar a modo de purga.[29] Al estudiar la esencia del sacrificio sobre el que se sustenta la religión védica, por ejemplo, el antropólogo francés habla de las rivalidades miméticas: dos grupos diferenciados (los *devas* o dioses, y los *asuras* o demonios) se observan mutuamente. En el momento en que uno de los grupos se dirige hacia un objeto con el fin de poseerlo, el otro grupo se apresura a intentar conseguirlo primero. Esta competitividad revela que, en ocasiones, el deseo no surge de uno mismo, sino que es un fenómeno social por el que se empieza a ansiar un objeto no por lo que en sí mismo brinda sino, simplemente, porque es ambicionado o directamente poseído por

29. Girard, René. *El sacrificio*. 2012. Traducido por Clara Bonet Ponce, Ediciones Encuentro, 2023.

otra persona, a la que se toma como modelo aspiracional, pero que pronto se convierte en rival. Dicho con otras palabras, se desea algo no porque sí, sino porque lo tiene otro individuo. La reacción mostrada por un bebé cuando otro niño coge un juguete al que hasta ese momento no le estaba prestando atención ilustra con nitidez este deseo mimético. Cuando la rivalidad se intensifica, se llega al punto en el que el odio por el contrincante prevalece sobre el deseo por el objeto.[30] En los cuentos de hadas se puede observar frecuentemente este mismo antagonismo resultado del deseo mimético en el conflicto madre/hija, que más adelante los Grimm transformaron en conflicto madrastra/hija para no perturbar esa imagen idealizada de las madres como seres desinteresados incapaces de sentir el más mínimo rencor hacia sus vástagos.

En ese conflicto tan primordial encontramos a la mujer que empieza a sentir celos de la belleza que la hija va adquiriendo, en detrimento de la suya propia: la hija se convierte en una rival no sólo porque su hermosura compite con la de la madre, sino porque además evidencia la condición efímera de la misma. Para preservar su atractivo, la madre debe inevitablemente sacrificar a su sucesora. En "Blancanieves", la reina se observa con afán en un espejo que le confirma continuamente que es la más bella de todo el reino, pero cuando su hija cumple siete años, la situación

30. Ibid., p. 59.

cambia y la madre empieza a despreciarla al darse cuenta de que ha dejado de ser la más hermosa. Para reestablecer la jerarquía, la reina ordena a un cazador que se lleve a la niña al bosque y la mate, trayéndole como prueba sus pulmones y su hígado para comérselos. El canibalismo se presenta aquí no como un síntoma de la depravación aberrante de la madre, sino como un rito a través del cual ella podrá recuperar la belleza que la hija le ha arrebatado.

Aunque "Blancanieves" y "Cenicienta" constituyen dos de los cuentos más famosos en los cuales este conflicto maternofilial pone en marcha la historia, no son, ni mucho menos, los únicos. Los Grimm también lo incluyen en "El amadísimo Roland", donde una madrastra planea cortarle la cabeza a su bella hijastra mientras duerme; en "Los tres hombrecillos del bosque", en el que la madrastra obliga a la joven a salir a buscar fresas en pleno invierno, cobijada únicamente con un vestido de papel; en "La mano con el cuchillo", donde la hija es obligada a realizar las faenas más fastidiosas; o incluso en "Rapónchigo" (más conocido como "Rapunzel"), en el que la bruja/madrastra encierra a la joven en una alta torre sin puertas ni escalera cuando ésta alcanza la pubertad.

Independientemente de si la mocita es conminada a limpiar un palacio con un cepillo de dientes u obligada a cortarse las orejas, la buena disposición con la que reacciona a estos menesteres es, cuanto menos, inquietante. Quizá por esta propensión a mostrar mujeres maltratadas, subyugadas, y hostigadas que responden a las tropelías con cortesía y resignación se tiende a pensar que los cuentos son retrógrados y desprenden un tufillo machista, y así es en algunos de ellos, pero hay que tener en cuenta, al menos, dos atenuantes al realizar esta afirmación.

El primero es entender que el origen de los cuentos que conocemos en la actualidad se pierde en el principio de los tiempos. Las versiones que han llegado hasta nuestros días derivan en su mayoría de recopilaciones escritas entre los siglos XVII y XIX, donde el rol de la mujer y las expectativas volcadas sobre ella eran muy diferentes a los de hoy en día. Estas diferencias pueden registrarse incluso en obras del mismo autor. A propósito de los *Cuentos para la infancia y el hogar*, la última edición de 1857, considerada la canónica, presenta importantes modificaciones con respecto a la primera versión de 1812. Entre otras cosas, en ese lapso de cuarenta años el gusto del público había cambiado, así como el lector modelo, que había dejado de ser una persona adulta de zonas agrarias para convertirse en un joven de familia burguesa en entornos urbanos. Ante este nuevo receptor era necesario matizar, si no eliminar, determinados componentes para evitar traumas innecesarios, sobre todo los de tinte erótico.[31] Así empezó una dinámica censora que se convirtió, aunque de distintas maneras, en la

31. Cortés Gabaudan, p. 10.

norma imperante a partir de aquel momento. Respecto al uso de la violencia, no obstante, los Grimm no se mostraron tan gazmoños y, lejos de matizarla, llegaron a ser todavía más sádicos en sus descripciones. Para muestra, un botón: en la primera edición de "El novio bandido", la protagonista, oculta como está detrás de un barril, descubre que su prometido es en realidad un criminal cuando éste y su cuadrilla aparecen con una vieja secuestrada (su abuela, para más inri), la asesinan y la despojan de todas sus joyas. En la última versión de 1857, la anciana es ahora una doncella a la que emborrachan hasta que le estalla el corazón. Entonces la desnudan, la arrojan sobre una mesa y la despedazan. Si la muerte de la madre de Bambi ya traumatizó a una generación, podemos imaginarnos a toda una caterva de niñas atragantándose con su propia lengua del respingo tras escuchar semejante narración. Pudiera parecer que, a través de sus *Cuentos para la infancia y el hogar*, los hermanos Grimm pretendiesen reconvenir a las mocitas, aterrorizándolas con todas las desgracias que podían acaecerles si se portaban mal, desobedecían a sus padres, o daban muestras de atributos inaceptables como la impertinencia o la vanidad. Algo de verdad hay en ello si se tiene en cuenta la función socializadora de los cuentos, como bien explicó Jack Zipes.[32] Encontramos aquí un ejemplo de

32. Zipes, Jack. *Fairy Tales and the Art of Subversion*. 2ª ed., Routledge, 2006.

ese poder disciplinario al que aludía Foucault, en el que la institución educativa persigue, a través de la vigilancia y la instrucción, controlar el cuerpo y las conductas femeninas. El ejemplo de la mutilación, ya sea autoimpuesta o sobrellevada, ilustra igualmente la tremenda renuncia aceptada por las mujeres para cumplir con las expectativas de la sociedad o, como en el caso de las hermanastras de Cenicienta, para intentar subir de clase social.

En segunda instancia, los cuentos que muestran una visión sumisa, obediente y remilgada de los personajes femeninos son, quizá no por casualidad, los que se han popularizado más. Tendría sentido, dado el valor aleccionador otorgado a los cuentos desde el s. XIX, que hayan trascendido los relatos que mejor servían para aplacar ese indómito espíritu de las niñitas. Pero no hace falta irse muy lejos para comprobar que esto no era, ni mucho menos, la norma. Si uno lee toda la recopilación hecha por los Grimm observará que en muchos otros relatos las mujeres no sólo tienen un papel protagonista, sino que llevan a cabo toda suerte de proezas y dan cuenta de una astucia agudizada.[33] Por mucho que, a medida que pasaban los años, los Grimm fueran filtrando el saber popular por el tamiz de la religión y la moralidad, interpretar sus narraciones como meros instrumentos de adoctrinamien-

33. En el prólogo a su edición, Cortés Gabaudan llega a la misma conclusión.

to no sólo constituiría un análisis simplista, sino que ensombrecería todavía más la enorme contribución, mayormente ignorada, de las mujeres al mundo de los cuentos. No hay que olvidar que gran parte de los informantes de los Grimm fueron mujeres de su círculo cercano, del mismo modo que Perrault encontró una buena fuente de inspiración en los salones literarios donde señoronas francesas de alta alcurnia y emperifollados cardados despuntaban en el arte de la creación y transmisión de cuentos. Entre ellas podemos encontrar a Mademoiselle de Scudéry, que abogaba por el derecho de las mujeres a recibir una educación como medio de movilidad social; Charlotte-Rose de Caumont de La Force, que defendía la libertad de elección en el matrimonio; Catherine Bernard; o la mismísima Madame d'Aulnoy, que acuñó el término 'cuento de hadas'.

No puede saberse a ciencia cierta cómo surgieron sus temas y de dónde vienen estas narraciones, pero detrás de ellas habitualmente se encuentra la figura de una mujer, ya sea del ámbito rural o burgués, que transmite a través de ellas toda la sabiduría de un pueblo, aunque luego su figura, así como la valía de su aportación, quedasen completamente invisibilizadas. No tiene sentido, por tanto, si en la raíz o vehículo de transmisión de los cuentos se encuentra una mujer, que estos deban ser entendidos, al menos inicialmente, como un mecanismo de opresión femenina, aunque más tarde empezasen a ser utilizados con tal fin. ¿Por qué iban las mujeres a ensañarse tanto con sus personajes femeninos? Quizá la mutilación, tan común en los cuentos, deba leerse no como una advertencia futura sino, más bien, como una descripción algo exagerada de la realidad del momento, donde la inocencia infantil y los deseos femeninos de educación, emancipación y solvencia se mutilaban pronto para hacer a las jóvenes encajar en el entramado social que exigía de ellas un papel diferente. A través de las amputaciones de sus protagonistas, las autoras de estos cuentos encontraban cierto desahogo, al poder describir de manera simbólica una dolorosa sensación mental. Hablamos de mujeres que, aun lejos de haber sido condenadas al descuartizamiento, se sentían igualmente mutiladas a causa del crimen no ya de hacer, sino de desear otra forma de distribuir los roles. Y el cuerpo, una vez más, mostraba a través de sus heridas las distintas formas de dominación política y social a las que muchas adolescentes se veían sometidas por el mero hecho de tener vagina. Aunque usados a modo de instrumento de coacción desde mediados del s. XIX, como bien apunta Maria Tatar, los cuentos otorgan un espacio en el que desafiar la opresión patriarcal y exponer los aspectos más turbulentos del día a día.[34]

34. Tatar, Maria. *Off with Their Heads! Fairy Tales and the Culture of Childhood*. Princeton University Press, 1992.

En los relatos populares y los cuentos de hadas el cuerpo infantil es ritualizado, sometido a terribles sacrificios con vistas a doblegar lo natural (la pubertad, la carnalidad) a lo civil. En palabras de Girard: "las instituciones culturales deben interpretarse todas como transformaciones del sacrificio, al final de una evolución que las especializa poco a poco".[35] Podemos concluir que el paso a la edad adulta y la adscripción a las imposiciones culturales que ello conlleva para las mujeres es reflejado en los cuentos de hadas a través de amputaciones, desmembramientos, decapitaciones y destripamientos, todos ellos actos de brutal violencia ejercidos sobre el cuerpo –especialmente el femenino– con el fin de anclarlo a lo social, adaptarlo a los preceptos establecidos y mantenerlo controlado o, en su defecto, inservible. A interpretación del lector está leer esto como una dantesca admonición o como crítica de un aciago imperativo.

35. Girard, pp. 92-93.

La vacante que el último dios dejó
tras el exilio la ocupó el propio cuerpo.[36]

Si en el mundo de los cuentos de hadas –y en muchos hogares– la noción de pureza está íntimamente ligada a la impecabilidad del cuerpo femenino, en pleno siglo XXI el decoro masculino parece haber igualmente virado hacia un cuerpo hercúleo, depilado y bien aceitoso. En las últimas décadas de la postmodernidad, en las que las instituciones se encuentran cada vez más deterioradas, el cuerpo aparece nuevamente como tabla de salvación sobre la que depositar la poca confianza que queda.

La mentalidad de culto al cuerpo pone de relieve una realidad cada vez más patente: en los contextos donde las organizaciones religiosas van perdiendo fieles, el cuerpo se está transformando en el nuevo dios y, como a tal, se le debe pleitesía. La apariencia es el altar sobre el que depositar nuestros votos, generalmente en forma de sudor, batidos proteicos y, en los últimos meses, *Ozempic*. Esto

36. Sanz, Marco. *La emancipación de los cuerpos: Teoremas críticos sobre la enfermedad*. Ediciones Akal, 2021, p. 106.

podría ayudar a entender por qué a muchos adeptos del mundo fitness les ha dado últimamente por leer la Biblia. La lucha contra la obesidad, revestida por un discurso sobre salud y bienestar, ha derivado en una cruzada sin cuartel hacia todas aquellas figuras que sobrepasan los límites de lo socialmente aceptable, y parece que cualquier agresión contra semejante "aberración" está plenamente justificada. Tal radicalismo sólo se entiende si se contempla el cuerpo obeso como una blasfemia al nuevo credo estético: no es ofensivo porque sea insano o visualmente menos apetecible según dictan los cánones presentes; es ofensivo porque ataca el dogma de fe que afirma que si a uno no se le ven los abdominales es porque no se respeta lo suficiente. Esta forma de mirar presume que tras una capa inaceptable de grasa no se esconde un problema metabólico, un patrón de estrés continuado, los efectos secundarios de según qué medicamentos, problemas de salud mental o la mera genética. La gordura y sus múltiples causas son siempre explicadas a través de los nuevos pecados capitales: la glotonería, la vagancia y la falta de amor propio.

En ese fervor al cuerpo esculpido hay una clara necesidad de control. El ser humano ha aceptado que no tiene poder alguno sobre los factores externos que en gran medida determinan su porvenir, e incluso ha terminado por asumir que una parte de la mente actúa de manera autónoma e inconsciente. Es decir: carecemos de dominio tanto a nivel externo como interno. En lo único sobre lo que todavía podemos ejercer cierta influencia es en la parte orgánica de nuestro ser. Cincelar el torso a golpe de mancuerna nos devuelve a aquella época, previa a la modernidad, donde había un contacto directo entre el artesano y el producto que fabricaba con sus propias manos, antes del boom industrial que comenzó a deshumanizarnos. Es una manera de encontrar asideros en un mundo desarticulado e incoherente, y recuperar la sensación de agencia. Pero reducir la relación entre ejercicio y musculación a un patrón de causalidad que escapa a toda arbitrariedad no deja de ser una perspectiva reduccionista que tiende a cristalizar en el más cerril auto engaño. De ahí que la existencia de cuerpos que escapen o se nieguen a participar de esta lógica constituya una amenaza a esa figuración de control, pues rompe la delicada burbuja de negación y evidencia la falta de potestad ante una realidad anómala, caótica y anuladora. El miedo a la castración está más presente que nunca, sólo que lo que genera aprensión no es la posibilidad de perder el falo sino de que la grasa abdominal nos impida verlo.

El cuerpo, como ha quedado patente en el caso de los cuentos de hadas, es el lugar donde se asientan los códigos culturales y, por tanto, también donde se cuestionan. En el contexto presente, la relación entre la obesidad y los patrones desmedidos de consumo propios del neoliberalismo ha devenido, más que una persuasiva metáfora, una obvia realidad, pero la forma en que ambos conceptos están vinculados no resulta tan sencilla de analizar. Hemos pasado de ese consumo ostentoso sobre el que teorizaba Thorstein Veblen en el ocaso del siglo XIX a un patrón de consumo que es paradójicamente incentivado y denigrado a la vez. Aunque durante la Edad Media tener unos kilos de más era una ostentación de la opulencia, la sociedad actual vilifica el exceso de grasa en contextos donde prima la abundancia, pues es visto como un síntoma de inmoderación, decadencia y degeneración.

Algunos teóricos como Michael S. Carolan han constatado que los cuerpos gordos se encuentran en una encrucijada entre, por un lado, el imperativo cultural que promueve un estilo de vida regido por la autodisciplina y la abstención, y las exigencias de un mercado que exhorta a un consumo ilimitado y sin restricciones por el otro.[37] Esto es algo que resumió Helene Shugart allá por 2010 al indicar que el cuerpo obeso, al menos en el contexto de los Estados Unidos, cumple con una importante función económica y política, pues es donde se negocian las tensiones derivadas del sobreconsumo en una sociedad que ha tendido a vili-

---

37. Carolan, Michael S. "The Conspicuous Body: Capitalism, Consumerism, Class and Consumption." *Worldviews*, vol. 9, nº 1, 2005, pp. 82-111.

pendiarlo moralmente, pero que depende de él económicamente.[38]

Pudiera parecer a simple vista que la relación entre el consumismo y la obesidad fuera poco menos que consustancial. Una analogía algo burda para reflejar la equivalencia entre una pulsión desenfrenada por adquirir bienes en la mayoría de los casos innecesarios sin llegar nunca a disfrutar de los productos comprados, y una adicción igualmente desmedida a procurarse alimentos por encima de las demandas metabólicas, engulléndolos sin siquiera paladearlos. Al final, tanto los objetos como la comida ocupan espacio, y acaban interfiriendo en el día a día del individuo, que no es capaz de vencer ese impulso irrefrenable de consumir. Si bien la metáfora está ahí, quizá lo interesante no sea tanto escrutar el resultado de tales comportamientos como indagar acerca de las posibles causas que lo originan, las cuales no son siempre evidentes debido a la aparente paradoja que comportan.

Desde el psicoanálisis se estudia la obesidad como una forma de compensar la falta de amor materno donde el sujeto anestesia sus privaciones afectivas con comida. Aunque no siempre sea ése el motivo, muchas veces lo que se oculta tras un patrón desregulado de alimentación es el trauma. Esto es algo que en los últimos años ha comenza-

---

38. Shugart, Helene A. "Consuming Citizen: Neoliberating the Obese Body." *Communication, Culture & Critique*, vol. 3, 2010, pp. 105-26.

do a ser explorado en el cine. Por ejemplo, en *Precious* (Daniels, 2009), los tormentos sufridos por la protagonista se manifiestan en un cuerpo obeso sometido a abusos sexuales por parte de su padre y múltiples carencias de carácter no sólo afectivo, sino también económico y psicológico. La película refleja una tónica relativamente habitual de personas que, para evitar episodios de violación, inconscientemente aumentan de peso de forma considerable con el deseo de dejar de resultar atractivas para sus agresores. Al igual que sucedía en los cuentos de hadas, se somete al cuerpo a una transformación radical que lo afee según los cánones y conseguir, con ello, protegerse del peligro. Otro ejemplo más reciente –y más problemático por la morbosidad con la que se trata el tema– lo constituye *La ballena* (Aronofsky, 2022), en el que el protagonista, un profesor de inglés atormentado y solitario, recurre a la comida de forma compulsiva como forma de contrarrestar una insoportable angustia.

De igual manera, en el ámbito literario son muchos los casos en los que, cuando un personaje presenta una gordura que, lejos de suponer un rasgo más de su apariencia, constituye un aspecto fundamental del argumento de la obra, lo que el lector encuentra no es un consumidor ávido que se hincha a tartas del mismo modo que el neoliberalismo se atiborra de almas, sino un individuo vulnerable con una sensación de vacío tan monumental que ésta ha terminado por hacerse corpórea e invadir todo el espacio. La corpulencia como metáfora de la carencia. Esto es lo que aparece plasmado en *Una forma de vida*, novela que la autora Amélie Nothomb publicó en 2010. En la obra, un supuesto soldado estadounidense destinado en Irak llamado Melvin Mapple se pone en contacto por carta con la escritora porque, en sus propias palabras, necesita comprensión y tiene fe en que ella sabrá dársela. Esta inusual pedida de auxilio es inicialmente ignorada por Amélie,[39] que se fija más en el estilo de la misiva que en su contenido y posteriormente manifiesta el rechazo que le produce el que sus lectores busquen utilizarla como terapeuta. Sin embargo, a medida que el intercambio de cartas entre ellos se desarrolla, las anécdotas y el sufrimiento de Melvin empiezan a constituir para su interlocutora una creciente fuente de fascinación, y es que la comprensión que busca el soldado nace de las penurias que su obesidad mórbida le causa.

Inicialmente Melvin se refiere a su condición de obeso como una consecuencia del desasosiego experimentado en batalla. La comida se convierte en una actividad mediante la cual acallar su conciencia torturada, pero también es una forma de autocastigo pues, tal y como afirma, con su avidez lo que busca es reventar. Así, la

---

39. Para evitar confusiones, utilizaré "Nothomb" cuando me refiera a la autora, y "Amélie" cuando aluda al personaje.

comida es para Melvin al mismo tiempo fuente de desahogo y correctivo, algo que claramente daña su autoestima y le produce un desgaste emocional pero que, sin embargo, supone su única fuente de consuelo ante el vacío desolador producido por la guerra. Esta ambivalencia pronto convierte la comida en un vicio que lleva a Melvin a dejar de reconocerse en su nuevo cuerpo, hasta el punto de disociarse de la grasa que forma parte de su ser, a la cual trata como un 'otro' del que no se puede desentender. Pero en su cabeza, este 'otro' es imaginado no como un extraño, sino como una cariñosa amante que le hace compañía al caer el sol, a la que decide apodar Sherezade, como la protagonista de *Las mil y una noches*. Sólo así puede aceptar su nueva situación y encontrar un mínimo de dignidad ante un hábito que, en su mayor parte, le causa enorme turbación.

Por desgracia, por mucho que el soldado busque constantemente un relato a través del cual aceptar su obesidad, no puede evitar que su cuerpo le remita constantemente al trauma que ha originado su aspecto actual. Puesto que entiende que su cuerpo está cargando con el peso de los cadáveres que ha dejado en el frente, su sobrepeso no es sólo físico, sino emocional. La única manera en la que puede soportar el dolor es si éste se materializa en algo visible, que se pueda tocar. La grasa, en consecuencia, "es el medio que he encontrado para dejar constancia sobre mi cuerpo del mal que he hecho y que no siento".[40] Al no poder conectar emocionalmente con las injusticias que ha cometido, necesita engordar para que esa culpa adquiera una dimensión física que evidencie no sólo esas barbaridades, sino también la conmoción que en el fondo advierte.

Pero dan igual los motivos. El cuerpo de Melvin es un cuerpo 'señalado' por la sociedad en el sentido de que excede los parámetros considerados normales; es una injuria a los cánones modélicos. Ocupar más espacio implica recibir una visibilidad indeseada que hace sufrir al joven terriblemente, de lo que se deduce que encontrar la forma adecuada de conceptualizar su corporalidad responde también a una necesidad de sanar la relación con su cuerpo para contrarrestar la vergüenza que le producen las reprobatorias miradas ajenas. Es importante resaltar aquí el papel condenatorio de la sociedad. Aunque en el centro de todo el procedimiento disciplinario se encuentra la conducta, Foucault centra su análisis en instituciones de poder que a menudo dependen de una sede física, tales como colegios, hospitales, prisiones, o cuarteles. Aunque en ocasiones parece apuntar a ello, no llega nunca a mencionar al conjunto de la sociedad como órgano inmaterial de vigilancia y castigo que hace que los cuerpos se sientan perennemente observados, pues ya no es necesario contener a los suje-

40. Nothomb, Amélie. *Una forma de vida*. Traducido por Sergi Pàmies, Anagrama, 2012, p. 56.

tos en un mismo espacio para vigilarlos. Quizá por la ubicuidad aportada por las nuevas tecnologías, que permiten una omnipresencia digital, así como por la constante auto exposición que resulta de las redes sociales, el control se puede dar en todos los contextos y por parte de todos los ciudadanos, que se creen autorizados para censurar sin necesariamente estarlo.

Sin embargo, el problema de Melvin resulta ser no un exceso de visibilidad sino, más bien, todo lo contrario: la obesidad se manifiesta como la única herramienta a disposición del soldado para ocupar espacio y, por lo tanto, ganar un mínimo de notoriedad: ser alguien perceptible. Es más, dado que al principio sólo mantienen un intercambio puramente escrito, él sólo existe en la imaginación de Amélie, que puede visualizar a su interlocutor únicamente a través de los datos que él decida aportar. Melvin tiene absoluto control para generar el relato que más le convenga, y presentar la obesidad de acuerdo con cómo quiere que se entienda. Por tanto, Melvin siente que puede, aunque sea de forma ilusoria, ser algo más que un cuerpo gordo, ser alguien diferente, con una vida distinta: "Si existo para usted, es como si tuviera una vida en otra parte: la que tengo en su pensamiento".[41] Se equivoca, sin embargo, al pensar que Amélie le proveerá de esa simpatía que tanto necesita. Si bien la escritora tiene buenas intenciones y, en

41. Ibid., p. 55.

ocasiones, da muestras de cariño y tolerancia, en otros momentos su tono es irónico y acaba cayendo en el más insidioso cinismo.

Lo que ella no sabe es que en realidad Melvin no es un combatiente destinado en Irak, sino un informático que vive en el almacén de neumáticos de sus padres. Es decir, que su obesidad nunca tuvo ni la justificación ni el propósito que Melvin pugna por otorgarle a través de sus fantasías: la gordura es únicamente (si es que eso no es suficiente descargo) una manifestación física de su profundo vacío existencial. Para revalorizarla le hace falta un contexto diferente, lo cual es comprensible teniendo en cuenta que vive pegado a un ordenador y rodeado de llantas, y de ahí surge la mentira del fingido soldado. No sólo no ha estado en Irak, sino que ni siquiera le aceptaron en el ejército por su exceso de peso; pero el remitente de las cartas que Amélie recibe ha creado una ficción con la cual embellecer y darle un sentido más conmovedor a un problema cuyas causas son decepcionantemente mundanas, ya que su obesidad no es debida a ningún trauma sino a una vida sedentaria y caracterizada por los malos hábitos. El motivo por el cual Melvin necesita de Amélie, por tanto, no es sólo para sentirse visto y comprendido, como declara en sus primeras misivas, sino también para que ella avale el relato que ha inventado, porque poseer un relato, aunque a todas luces ficticio y presuntuoso, es la única salvación frente al vacío.

Cuando se habla de todos los riesgos que la postmodernidad ha traído consigo generalmente el debate se implanta en uno de estos dos factores: por un lado, una globalización que, gracias a los vertiginosos avances tecnológicos, nos mantiene perennemente informados, pero terriblemente incomunicados. Por otro, la dictadura de un neoliberalismo completamente desbocado que ha convertido a los sujetos en objetos, limitando su campo de acción al de consumidores en masa o productos de consumo. El cuerpo se concibe ahora como un escaparate que mostrar al mundo y debe reflejar todo lo mejor que como individuos podemos aportar a este mercado que fagocita todas las esferas de la sociedad. Sin embargo, otro peligro propio de nuestra era, mucho más pernicioso tanto por su sigilo como por los estragos que genera, es aquel que la psicoanalista Lola López Mondéjar, con una lucidez preclara, explica en *Sin relato* (2024). Como el título indica, uno de los problemas propios de nuestro tiempo es que estamos perdiendo la capacidad de generar narrativas, imprescindibles para vehicular la reflexión, el desarrollo de la conciencia y del sentido de la propia existencia, la homosocialidad y, en definitiva, la constitución de la identidad, que no debe entenderse como un estado, sino como un proceso:

Atrofia de la capacidad narrativa, huida del pensamiento crítico, rechazo del contacto a favor de una búsqueda de la satisfacción inmediata: el individualismo neoliberal y el mundo digital nos alejan de los que considerábamos la condición humana.[42]

La merma de la habilidad para generar relatos forja personas acríticas y alienadas, que se mueven exclusivamente por sus sensaciones e impulsos y cuyo sentido del 'yo' es una sucesión inconexa de informaciones que tienden a cambiar en la medida en que sus emociones dictan: sienten con mucha intensidad, pero son incapaces de identificar ni el origen ni el motivo de su malestar, algo que las vuelve enormemente vulnerables a un mercado que promete infinidad de soluciones inmediatas que el sujeto debe comprar compulsivamente si quiere encontrarse mejor. Las personas se convierten en recipientes, sin historia ni mundo interior; se cosifican. Por tanto, los males propios de nuestra generación, tales como la precariedad laboral, las deprimentes perspectivas de futuro, el descenso de la empatía en un contexto que fomenta el individualismo extremo, el narcisismo, la fatiga informacional derivada de la hiperestimulación digital, y la búsqueda de placeres inmediatos frente a satisfacciones sosegadas han sustraído la facultad del cere-

42. López Mondéjar, Lola. *Sin relato: Atrofia de la capacidad narrativa y crisis de la subjetividad.* Anagrama argumentos, 2024, p. 17.

bro para generar relatos a partir de sus experiencias corporales y procesos internos con los que dotar de sentido la realidad. El formato epistolar de la historia y el esfuerzo del personaje por generar un relato que aporte significado a una existencia por lo demás anodina y hueca refuerzan esa necesidad que Melvin tiene de generar una epopeya que escude su gordura, a la cual le asigna distintos significados a medida que la correspondencia entre los dos protagonistas se intensifica.

Sin embargo, si todo su testimonio ha sido en realidad el ensueño delirante de un individuo frustrado y perdido, ¿por qué escoge Melvin, entre todas las posibles procedencias de su obesidad, la del ejército en el contexto de la guerra de Irak? Como gesta desde luego es bastante anticlimática. Parte de la respuesta, por un lado, la encontramos de nuevo en ese deseo mimético al que aludía Girard: cuando estalla el conflicto, su hermano sí puede alistarse, mientras que a él le rechazan por su fisionomía. Suplantándolo en el terreno de la fantasía, Melvin puede acaparar un poco de ese respeto y veneración que su hermano recibe por el cargo que ocupa y que la corporalidad de Melvin le ha negado: "Era un gordo desprovisto de historia y, como tal, sentía envidia de aquellos que se incorporaban a la historia en mayúsculas".[43] Por otra parte, si aceptamos la tesis de

43. Nothomb, p. 134.

Judith Butler[44] de que el cuerpo es performativo y se encuentra regulado por unos códigos culturales que establecen cuáles son válidos en virtud de lo bien que se acoplan a los cánones establecidos, y cuáles, por su disidencia, son relegados al dominio de la abyección, nos encontramos con otro posible motivo por el que Melvin decide utilizar la guerra como escenario para explicar su gordura. El falso soldado intenta inscribir su cuerpo en un contexto en el que su grasa mande un mensaje trascendental, pues supuestamente come para acallar la culpa de un conflicto demencial que está acabando con cuantiosas vidas. Es decir: en aras de enfatizar que su cuerpo, aunque rollizo, sigue siendo el de una persona, Melvin relaciona la grasa con la compasión, de tal forma que, si algunos de sus compatriotas han sido capaces de no caer en los atracones o en cualquier otro patrón malsano, es porque carecen de la empatía necesaria para reconocer la carnicería que están llevando a cabo en el frente. Envuelve así su gordura en un discurso que le confiere una autoridad moral que a la gente como él comúnmente se le niega.

Simultáneamente, al insertar su gordura en el contexto bélico, Melvin denuncia las estrategias necropolíticas que se están llevando a cabo desde ciertos sectores de la sociedad. Este término, acuñado en 2003 por el historiador

44. Butler, J., *Cuerpos que importan. Sobre los límites materiales y discursivos del "sexo".* 1993. Traducido por Alcira Bixio, Paidós, 2002.

camerunés Achille Mbembe (partiendo de la noción de 'biopolítica' de Foucault),[45] alude a todas aquellas formas de sometimiento de la vida al poder de la muerte, esto es: las formas en las que el poder puede usarse para determinar quién está legitimado para matar.[46] Para ello, es necesario establecer previamente cuáles son esas formas de vida –o, mejor dicho, esos individuos considerados superfluos– que deben desaparecer del mapa. Las relaciones humanas contemporáneas, bajo la lógica del capitalismo tardío, al que Mbembe añade una perspectiva colonial, son de usar y tirar y convierten a gran parte de los sujetos en objetos desechables, pues sólo así podrá el neoliberalismo seguir prosperando. En el contexto presente, donde los obesos son vistos como individuos que no se asimilan al credo del fitness, a menudo se les considera parte de la población prescindible. Como en Caín, encontramos que el cuerpo no-normativo, esta vez por exceso de grasa, es un excedente social. Melvin es un *homo sacer*, por mucho que trate de desarticular su

45. El término alude al poder que opera en términos biológicos, sobre la vida misma. Cuando desaparece la figura del soberano, el poder se difumina en distintas áreas del saber y sistemas de pensamiento que buscan rentabilizar al individuo, sometiéndolo a una continua observación con vistas a explotar sus aptitudes, gestionar su tiempo, administrar sus fuerzas, y que esto reporte un mayor rendimiento a nivel económico. La biopolítica tiene, por tanto, un papel fundamental en el desarrollo de la sociedad capitalista.
46. Mbembe, Achille. "Necropolitics." *Public Culture*, vol. 15, no. 1, 2003, pp. 11-40.

condición por medio de un relato que lo encumbre, si no a la categoría de héroe, sí al menos a la de víctima merecedora de clemencia. Esto no hace sino constatar lo que ya enunció Kathleen LeBesco (2004), al reconocer la grasa "no solamente como un estado estético o una condición médica, sino como una situación *política*".[47]

De la misma forma en la que el cuerpo de Melvin va ganando volumen hasta ocupar unas dimensiones monstruosas, el ejército de los Estados Unidos es descrito como una larva colosal que se va hinchando con sus víctimas. Melvin relata que a los soldados con sobrepeso se les coloca en primera línea de batalla, no sólo porque cada uno de sus cuerpos voluminosos sirven de parapeto para dos soldados de tamaño estándar, sino también porque los altos cargos tienen la esperanza de que sean los primeros en caer en combate y, de esa forma, eliminar aquellos individuos que amenazan con desmerecer la visión idealizada que el ejército busca vender a ojos de sus conciudadanos. Esa paradoja entre consumismo y austeridad que mencionaba Carolan se observa de nuevo aquí, en esa milicia que repudia los cuerpos que no exteriorizan la templanza esperable en una tropa de combate al mismo tiempo que se beneficia de su existencia. Aunque forma parte todo de la fantasía del

47. LeBesco, Kathleen. *Revolting bodies? The struggle to redefine fat identity*. University of Massachusetts, 2004, p. 1, cursiva en el original, traducción propia.

personaje, esta imagen ilustra cómo el cuerpo constituye en tiempos bélicos una herramienta más con la que perseguir la victoria. No importan las bajas: el número de fallecidos es sólo una cifra puesta al servicio de la nación. En este sentido, es interesante que Melvin en un momento dado aluda a su trastorno alimenticio como una forma de boicot no sólo a su propio cuerpo sino también al cuerpo militar al que sirve, que se ve obligado a proveer el doble de comida a sus hombres: "Nuestra obesidad constituye un fantástico y espectacular acto de sabotaje. Al ejército le costamos caros".[48] Ante la agresión y el maltrato recibidos en nombre de la defensa del estado, él reacciona comiendo con el mismo ímpetu, suponiendo un coste extra de mantenimiento. De haber sido cierto, Melvin estaría en realidad (im)pugnando en dos frentes: el de la contienda y el de la economía.

Como puede verse, más que un relato unificado, lo que Melvin crea a lo largo de la obra es un conjunto de imágenes a través de las cuales intentar aunar todas las emociones, a menudo contradictorias, que su aspecto físico le genera. Las diversas narrativas que Melvin desarrolla para conceptualizar su gordura son asimismo un reflejo de ese lugar ambivalente que ocupa el cuerpo obeso, a la vez ferviente servidor y mártir de la dictadura del consumismo. Las dinámicas de necropolítica ejercidas sobre el personaje

48. Nothomb, p. 37.

replican los vituperios que, tomando la obesidad como foco, ven en ella la más ofensiva blasfemia contra esa nueva religión que rinde culto al cuerpo pulido y bombeado. Pero los atracones incontrolables a los que alude Melvin son sintomáticos de un círculo vicioso en el que atesorar comida compulsivamente sólo constata la grandeza del agujero que pretende colmar mediante el empacho.

En su incapacidad para rellenar los huecos de su identidad rota, Melvin construye un relato que le permite 'narrarse' según sus propios términos. En este sentido, muestra una capacidad única para fabricar a través de la palabra una estructura que le ayude a soportar todo el peso de su culpa, su frustración, su dolor y su vergüenza, revistiendo su situación de cierta épica, pero deconstruyéndola al mismo tiempo. Al fin y al cabo, es un hijo de la postmodernidad, que como tal busca dotar de cierto heroísmo su tragedia vital, pero para quien el relato del héroe ya no es válido en el marco propio de una sociedad que derroca a sus ídolos en el mismo momento de encumbrarlos, devorándolos compulsivamente.

El hambre de Melvin es de naturaleza emocional, y por eso nunca puede verse saciada. Consciente de ello, reacciona con estoicismo: "Nos lo hemos buscado, por haber *pecado*".[49] Es interesante aquí la alusión al concepto de pecado. Con la comida pretende hacerse visible para una sociedad

49. Ibid., p. 50, mi cursiva.

que lo estigmatiza y lo relega a los confines de lo pecaminoso, porque su figura no se analiza desde el discurso médico, sino desde el religioso. Paradójicamente, cuanto más espacio físico ocupa, más transparente se vuelve para una comunidad que insiste en negar su existencia y atacarla viciosamente cuando ésta se manifiesta. Melvin es un ser impuro a ojos de la comunidad porque su aspecto físico es entendido como una profanación ante la cual se ve obligado a fabricar una narrativa que, de alguna manera, restablezca el orden al convertir su sacrilegio corporal en correctivo. La gordura comporta así un enconado crimen a los imperativos de belleza que codifican el decoro y una dolorosa condena impuesta por una sociedad que castiga su exceso de grasa de la misma manera en que se castigaría una afrenta religiosa: con el rechazo y la abyección. A pesar de todo el saín que sus lorzas poseen, es un desposeído. Mediante el relato confeccionado, el soldado intenta expiar su pecado capital. Por desgracia, en un contexto en el que no se admiten argumentos que puedan desmoronar la ilusión de una realidad lógica y causal, ni se permite visibilizar un aparato de poder (en este caso, basado en un consumismo necropolítico) que pugna por mantenerse oculto, la gordura de Melvin es motivo de execración y escarmiento.

CONCLUSIONES

El cuerpo no es un simple depósito de órganos, no es inocuo. Como punto de unión con el medio, tiene también una vertiente pública, a partir de la cual el individuo construye y proyecta su identidad y busca ser incluido en un grupo. Dicha identidad depende de las relaciones que se establecen con el medio, posibilitadas y a su vez terciadas por el cuerpo, así como de las alteraciones hechas sobre el mismo. De este modo, constituye una frontera cuyos límites, al igual que en la cartografía, vienen definidos por convenciones. Pero estas fronteras, como bien supo ver Gloria Anzaldúa, son en realidad lugares de inevitable tránsito, de diálogo y contacto entre dos mundos, por mucho que éstos prefieran mantenerse aislados.[50]

Mediante los ejemplos analizados se ha intentado exponer cómo determinados aparatos legales, sociopolíticos y religiosos tienen su reflejo, dentro del ámbito literario, en las marcas corporales exhibidas por sus personajes. El cuer-

50. Anzaldúa, Gloria. *Borderlands/La Frontera: The New Mestiza*. 4ª ed., Aunt Lute Books, 1983.

po señalado expone en términos generales las secuelas que acarrea salirse de la norma, que determina quién pertenece y quién no a la comunidad. Hemos visto en Caín una alegoría de la impureza legal, así como la doncella manca de los cuentos populares se ha usado para promover en las mozas una pureza sexual. En ambos casos, el marcado y la mutilación del cuerpo lo hacen depositario de los distintos aparatos de poder, exteriorizando su exclusión/inclusión de las sociedades en las que se mueve. Por su parte, el sacrilegio que la obesidad de Melvin Mapple supone en la sociedad actual nos habla de la pureza como virtud religiosa, y de la exclusión del protagonista como efecto de una indisciplina que se asemeja más a la blasfemia. Se dan así tres instituciones, la religiosa, la social y la legal, en las que la pureza se alza como rasgo primordial entre el 'yo' y el 'otro', entre aquella persona aceptada por la comunidad y aquella que es rechazada, desahuciada. Entre el individuo, en fin, depositario o receptáculo de poder.

La falta de escrúpulos de Caín y su perfidia moral son duramente castigadas con el exilio, pero es su humillación la que queda plasmada mediante una marca que lo hará fácilmente reconocible. Esto relega al personaje a un estado liminal en el que toda mínima identificación queda imposibilitada. Si el destierro es la pena estipulada para su monstruoso asesinato, la señal en él depositada es la que lo instituye como un no-ser, la vida desprovista de instituciones, reglas, normas, o preceptos que la amparen y le confieran dignidad. Caín no es un *homo sacer*, pero sí es el ser impuro por antonomasia, porque su vileza no puede ser limpiada de ningún modo. Todo lo que emana de él, por tanto, a la fuerza ha de ser corrupto.

La joven sin manos muestra el colosal sacrifico que exige un cuerpo inmaculado. La mujer casta, dócil, sumisa, obediente, es aquella que ofrece abnegada las manos para que su padre las cercene con un hacha. Es la oblación más radical, la de la automutilación que busca un bien mayor, ya sea permanecer libre de las garras del mal, ya sea proteger a la figura que personifica el orden patriarcal (ese padre ora ingenuo ora incestuoso; ese cuñado libidinoso). El cuento premia la inmolación permitiendo que esos miembros perdidos, de forma milagrosa, vuelvan a crecer como si fueran geranios. Pero la historia encierra un amargo mensaje, pues evidencia los requisitos extremos que la sociedad demanda de las mujeres, el monstruoso sacrificio que exige de ellas, que pasa incluso por privarlas de una parte fundamental de sus cuerpos, dejándolas incapacitadas y dependientes. Es una crítica a la falta de autonomía convertida en un relato cruento con el fin de impactar en la conciencia del lector y hacerle partícipe del precio que una mujer debía pagar para ser considerada virtuosa. La pureza puede interpretarse aquí no como una meta aspiracional, sino como una pesada losa con la que cargar. El cuerpo que es amputado no como castigo, sino como sacrificio, deviene un rito de paso a la edad adulta que estipula que la mujer debe someterse a la renuncia más extrema con tal de encajar en ese constreñido molde social que le permita llevar una vida respetable.

Por último, la pureza aparece en *Una forma de vida* como una utopía en el contexto de una economía neoliberal que impulsa a consumir desmesuradamente, pero censura a los que exhiben, en este caso con su obesidad, los principios consumistas en los que se basa para funcionar correctamente, pues las técnicas de control deben mantenerse veladas. El cuerpo grasiento es un cuerpo excesivo, como el derroche propio del capitalismo tardío, pero es igualmente un cuerpo falto de contenido, sin relato. La incapacidad del protagonista para perder peso constituye una afrenta para el nuevo orden religioso que coloca el cuerpo apolíneo en el lugar antaño ocupado por la divinidad. Es un cuerpo impuro en términos atléticos, vacío de identidad; y el relato con el que Melvin intenta justificar su aspecto deviene una narración con la que explicar (y, hasta cierto punto, condonar) su impureza. Es un acto de reparación que, para su desgracia, no le brinda la indulgencia esperada.

Lo que personajes como la doncella manca, Caín, o Melvin Mapple muestran es que en el proceso de auto conceptualización el cuerpo ocupa un papel esencial, no sólo en cuanto a cómo su aspecto lo presenta al mundo, sino también en cómo sus cualidades físicas constatan a la par que cuestionan los parámetros a través de los cuales se establecen las comunidades. Como explica David Le Breton, el cuerpo es un "vector semántico por medio del cual se construye la evidencia de la relación con el mundo".[51] Es, por ende y como los tres ejemplos escogidos ilustran, tanto un productor de significado como un constructo, que ratifica en la misma medida que rebate ideologías. En definitiva, el cuerpo es el lugar en el que los discursos y las creencias pueden, como la piel, mudar, enfermar, pudrirse, o cicatrizar.

51. Le Breton, David. *La sociología del cuerpo.* Traducido por Hugo Castignani, Siruela, 2018, p. 9.

Amelina Correa Ramón:
El escritor Isaac Muñoz

Galileo Galilei:
El infierno de Dante

Aldous Huxley:
La vulgaridad en literatura

William Blake:
El libro de Urizen

J. Fco Pastor Paris:
Femme fatale: imágenes de la bella diabólica

Andrés Sánchez Martíne:
Salomé: imágenes de un mito finisecular

Yevgueni Zamiatin:
La pulga, juego cómico en cuatro actos

W. B. Yeats:
La condesa Catalina

G. K. Chesterton:
Magia, una comedia fantástica

Vladimir Maiakovski:
La chinche, una comedia de magia

María Aboal López:
Histeria, literatura y mujer en el siglo XIX

Carmen Berna Jiménez:
Los locos de Galdós

Sigmund Freud:
Lo siniestro